## LE CHAMP FREUDIEN

COLLECTION DIRIGÉE PAR JACQUES LACAN

DU MÊME AUTEUR

*aux mêmes éditions*

Psychanalyser
1968

SERGE LECLAIRE

# DÉMASQUER
# LE RÉEL

UN ESSAI SUR L'OBJET
EN PSYCHANALYSE

AVEC UNE CONTRIBUTION DE
JUAN DAVID NASIO

ÉDITIONS DU SEUIL
27, rue Jacob, Paris VI<sup>e</sup>

© *Éditions du Seuil*, *1971*.

La loi du 11 mars 1957 interdit les copies ou reproductions destinées à une utilisation collective. Toute représentation ou reproduction intégrale ou partielle faite par quelque procédé que ce soit, sans le consentement de l'auteur ou de ses ayants cause, est illicite et constitue une contrefaçon sanctionnée par les articles 425 et suivants du Code pénal.

## SOYEZ RÉALISTES, DEMANDEZ L'IMPOSSIBLE.

Ainsi put-on lire, écrit sur les murs d'un printemps, ce qui, depuis quelques années déjà, était dit par Jacques Lacan en un lieu qu'on se plaisait alors à imaginer confidentiel et clos : *le réel, c'est l'impossible*. Dans la mare, il avait déjà lancé ce pavé que l'objet, par lui chiffré *a*, n'était repérable que dans la structure, et du côté du réel. Manière — par antiphrase — de substance du sujet clivé, reste de l'articulation signifiante, véritable « cause du désir », l'objet *a*, ce déchet, s'impose comme clé de voûte de la pratique psychanalytique : *pierre de rebut, il doit en devenir la pierre d'angle.*

# I
# Être psychanalyste?

Démasquer le réel est le travail du psychanalyste.

Le réel ? C'est ce qui résiste, insiste, existe irréductiblement, et se donne en se dérobant comme jouissance, angoisse, mort ou castration.

On se doute que toute la difficulté gît en son évocation, car il en est du réel comme de ces petits animaux intelligents, qui s'en vont immanquablement quand on leur intime de venir là. Il y faut de la ruse, par trois fois au moins : d'abord pour le reconnaître et n'en point tenir la présence pour la réalité; ensuite pour l'appeler, car il échappe au nom et c'est l'illusion même qu'il faut déployer pour faire semblant de le piéger; enfin il faudra encore assez de ruse pour ne point rester captif et satisfait du dispositif qu'on aura agencé.

On se représente volontiers le psychanalyste comme s'intéressant avant tout à la mise en scène de l'imaginaire ou encore à l'architectonie de l'ordre symbolique [1]; mais on oublie que ce sont là des intérêts qui ne requièrent somme toute, aucune compétence psychanalytique particulière, puisque aussi bien littérateurs et gens de théâtre, mythologues ou logiciens s'y avèrent souvent bien plus experts que le psychanalyste. Car en fin de compte, à celui-là on ne demande, en tout problème, que de savoir reconnaître le défaut qui en ordonne la logique et en recèle la force absolument contraignante; dans la tradition psychanalytique, ce défaut est conceptualisé comme castration, et sans doute faut-il,

---

[1]. A l'usage des lacaniens avertis, j'indique tout de suite que, dans la mesure où l'instance du réel s'impose à nous d'entrée de jeu, c'est la « robuste » trilogie du symbolique, de l'imaginaire et du réel, à laquelle je fais référence; mais elle n'indique aucunement que je la préfère à la référence au signifiant, au signifié et à l'objet.

pour la détecter à coup (presque) sûr, à travers les solides édifices de la conscience, être rompu à la pratique de cette ruse tierce que j'évoquais à l'instant.

De cette difficulté à démasquer le réel, je prendrai pour exemple et invoquerai comme témoignage trois exposés de cas que j'ai rédigés en 1956, 1958, et 1963 ; témoignage au moins pour ceux qui auront la curiosité de lire en entier les trois essais théoriques auxquels ces observations servent de contrepoint clinique [2]. Sans doute y apparaît-il, pour un lecteur critique, que l'observation, pour fidèle et même littérale qu'elle soit, ne vient là, au mieux, que pour donner un certain style au texte, voire seulement pour étayer la cohérence et répondre aux thèmes majeurs qu'annoncent les titres : la force psychique, le désir, la mort. De toute façon, au lecteur que je m'efforce aujourd'hui d'être, la question se pose : en quoi ces textes peuvent-ils — ou non — être dits psychanalytiques [3] ?

Nous voilà d'emblée confrontés à une question de première importance : un texte peut-il être dit « psychanalytique » ? Si oui, en quoi, si non pourquoi ? Autrement dit, en nous référant à notre proposition première ; quelle place, quelle fonction peut avoir le réel dans un texte ?

## 1. Le réel dans la cure et dans le texte.

On aura deviné que c'est à dessein que je prends pour exemple trois « exposés de cas ». Le compte rendu de cas se donne en effet pour un écrit destiné à rendre fidèlement ce qui se passe dans la psychanalyse proprement dite. Et pourtant comme l'écrit Freud, « aucun moyen n'existe pour faire passer dans l'exposé

2. Les « trois observations » sont reproduites à la fin de l'ouvrage.
3. On conçoit qu'il serait impertinent encore que bien intéressant que je pose la question à quelque autre praticien-écrivant que moi-même : non seulement parce que cela semblerait mettre en cause la valeur du praticien et la qualité de l'écrivain, mais aussi et surtout du fait que, persévérant dans cette voie de l'écriture, je ne lui laisserais pas le loisir d'une réponse immédiate.

d'une analyse la force convaincante qui résulte de l'analyse elle-même. Des comptes rendus littéraux complets des séances d'analyse n'y seraient d'aucun secours ». Je pense que cette « force convaincante » doit avoir quelque rapport avec la « force absolument contraignante » (de la castration) que j'évoquais à l'instant. Quelque chose d'essentiel à la psychanalyse elle-même semble donc se perdre, ou s'échapper dans ce qui s'écrit, — mais aussi bien dans ce qui se dit — *sur* la psychanalyse. Or c'est précisément ce qui échappe, se perd, ou « ne passe pas » que je voudrais paradoxalement tenter de repérer pour situer dans une première approximation le problème des rapports entre l'écrit (ou la parole) *sur* la psychanalyse et la psychanalyse proprement dite. Que ce « quelque chose d'essentiel » et qui se perd tienne du *réel*, ou, en d'autres termes (dont je justifierai la pertinence dans les textes issus d' « Un semestre à Vincennes »), qu'il tienne à l'objet, c'est, comme on a pu le remarquer, l'hypothèse dont je pars. Voyons ce qu'il est advenu de cette chose dans chacune des observations de Jérôme, de Philon et de Duroc.

Sans doute est-ce dans l'observation de Jérôme que l'on peut repérer le plus sûrement l'insistance du réel et l'extrême angoisse qu'il suscite, avec la représentation horrifiante de la liquéfaction d'un cadavre. Je pense, à reconsidérer « *La mort dans la vie de l'obsédé* », que la relative lisibilité du réel dans ce texte, n'est pas étrangère à son caractère d'ébauche et d'inachèvement, où l'accumulation des notations, remarques et questions prend le pas sur toute véritable tentative d'élaboration théorique. Je ne saurais pourtant dire aujourd'hui si la « force absolument contraignante » qui régit la névrose obsessionnelle de Jérôme est, dans ce texte, réduite à un élément de l'analyse parmi d'autres, ou si, au contraire, elle est épinglée, cruciale, mais en attente d'examen, comme tendrait à l'indiquer ce passage : « Une question subsiste donc au point où nous en sommes : de savoir pourquoi cette horreur de la décomposition du cadavre qui semble être un sentiment si naturel et commun se trouve là, investie sans doute de quelque fonction particulière au cœur des fantasmes de Jérôme, au centre de son analyse. C'est une question que nous laisserons provisoirement ouverte, car, ce qu'il nous importe cœur de celui qui se veut condamné à vivre jusqu'à ce que mort s'ensuive ».

Ce sont deux rêves d'horreur, rappelons-les, qui introduisent et soutiennent ce thème crucial. Le premier est le rêve de la momie : « Nous nous trouvons dans une vaste salle autour de laquelle court une galerie couverte que coupe sans doute une loggia ; atmosphère de clair-obscur. Porté par quatre hommes, s'avance un sarcophage ouvert ; on distingue clairement, et de tout près, une momie parfaitement conservée dans ses bandelettes. Mais subitement, alors que la procession s'avance, *la momie se liquéfie* ; il n'y a plus dans le sarcophage qu'un jus rouge dont l'horreur se voile derrière la certitude que ce ne sont là que des onguents qui avaient servi à embaumer le corps. »

L'autre rêve est celui du meurtre d'un « homme qui sait ». En voici le récit : « Sur l'entrepont d'un bateau, un homme se tient, qui va être tué *parce qu'il sait*. Je pars pour ne pas voir. Je suis ennuyé parce que le cadavre va être découvert et que je n'aurai rien dit ; son agenda, semblable au mien, est resté avec ses affaires. Puis on découvre son cadavre gonflé, baigné d'eau et de fange, dans la cale du bateau. On essaie de le sortir, mais ceux qui le portent sont gênés par un dédale de planches verticales. On le porte d'un côté à l'autre de la cale. Il est gonflé, raide, noirci, très laid à voir, et il sent très fort. D'un moment à l'autre il risque de crever. Impossible de s'en sortir. Le cadavre nous bloque entre les planches dressées. Je suis écœuré et prêt à vomir. Je me réveille tout tordu. » Que ce dernier rêve, que je livre dans le texte de référence sans l'analyser, mette en jeu une représentation désespérante de quelqu'un qui « moisit » à l'intérieur d'un corps maternel est assez évident, et se trouve commenté très éloquemment dans la suite de l'observation par une sorte d'accouchement dramatique (à l'issue d'une séance) du « rien » d'une crise viscérale, dite colique néphrétique, sans autre antécédent ni séquelle.

Mais sans nous arrêter plus sur la question des rapports de Jérôme au corps maternel, interrogeons avec plus d'insistance la représentation centrale d'un mince sac de peau prêt à se rompre. C'est à l'éviter, constitue, semble-t-il, le point où l'effroi s'avère si intense que la contrainte (à le produire ou à l'éviter) en est aussi fascinante qu'indépassable. Ce que Jérôme formule, au reste, excellemment, en ces termes : « Ce qu'il imagine de plus atroce, c'est de se trouver tout à coup, en ouvrant un placard, devant une chose informe, un objet inconnu, non identifié, qui vous surprend avant qu'on ne l'ait nommé cadavre; il pourrait en voir sans émotion une pyramide en pleine lumière, mais d'en découvrir un seul, dans une cave, sous le faisceau de sa lampe, chose sans nom à la forme incertaine, c'est très précisément ce qu'il faut éviter à tout prix de voir. » En somme « ce qu'il imagine de plus atroce » (et, pour cet obsessionnel, j'ajouterai nécessairement de plus attirant) c'est la représentation d'une situation où la puissance du mot soit enfin prise en défaut, comme s'il ignorait — ou *savait* trop bien — que l'ordre symbolique (ou littéral, ou signifiant) ne se constitue que d'un manque. Sans doute est-ce un trait spécifique de la structure obsessionnelle que de fixer autour d'une représentation de mort la question du point où le mot fait défaut; au reste, il est plus « normal » (je pense que ce mot trouve ici son juste emploi) d'interroger la fonction du terme manquant, ou du défaut constitutif de la possibilité [4] même de la parole, en la référant au sexe et précisément au phallus, dont aucune « présence » ne réussit à voiler le défaut. Nous aurons dans le cours de cet ouvrage l'occasion de commenter la fonction du phallus de façon plus explicite.

Mais pour en revenir à la reprise critique de l'observation de Jérôme, dans la perspective de la question posée, à savoir celle de la mise en jeu du réel dans la cure psychanalytique, que pouvons-nous en dire ? Sur le plan de la psychanalyse proprement dite, il me semble, après coup, avoir réussi en partie à maintenir une « ouverture » suffisante pour en être arrivé, avec ce solide crocodile obsessionnel, à ce que l'horreur ne soit pas seulement évoquée dans la sérénité du bavardage, mais que l'angoisse et même l'effroi fassent irruption dans l'analyse elle-même, comme en témoignent au moins les « mouvements de fond » littéralement viscéraux qui s'y sont produits. De cette ouverture, je dirai qu'elle

---

4. Voir à ce sujet les développements de Jérôme sur le souci de « retrouver la possibilité d'utiliser toutes les possibilités ».

dut être faite de silences patients, de quelques questions insistantes portant sur les points de moindre résistance, et surtout de l'évitement de toute interprétation réductrice, je veux dire de toute traduction de ses propos en code « psy ». On verra que ce satisfecit mesuré que je décerne là au praticien, et que l'issue de la cure pourrait en partie corroborer, ne se retrouve pas aussi uni dans la critique des analyses de Philon et de Duroc.

Si j'interroge maintenant le texte même que j'ai rédigé *sur* la psychanalyse de Jérôme à propos de la mort dans la vie de l'obsédé, il me semble que ce qui y est textuellement répéré comme « nœud » de l'analyse, cette représentation de la liquéfaction d'un cadavre comme « pôle d'attraction et de répulsion », se trouve en fait plus considérée sous l'angle des constructions qui prolifèrent autour d'elle : bandelettes, tombeau, crypte, mouvement perpétuel, clôture obstinée, que dans son « inquiétante étrangeté ». Ma critique de mon texte pourrait alors se résumer dans la dénonciation de son ton plaisant, voire humoristique, propre à mettre en évidence le dérisoire du drame, ton qui apparaît comme une défense contre un fantastique ou un « extraordinaire » que l'on ne saurait méconnaître et qui, seuls, pourraient rendre compte du réel évoqué.

Le pivot de la séquence que j'ai relatée de l'analyse de Philon se donne dès les premiers mots qui suivent mon intervention interrogative sur le lien qui l'attache à sa mère : « *Merde, comme si ça te regardait !* »

Par cette exclamation, inattendue dans la bouche de Philon, quelque chose d'essentiel se manifeste, que je ne peux pas saisir et que je ne veux pourtant pas laisser échapper. Le commentaire qui suit confirme que ce n'est pas le terme excrémentiel qui compte ici le plus : « Ça commence par le regard ; c'est comme une communion, une symbiose. Oui, dans son regard (de la mère) il y a un deuxième regard. » Le réel dans son inquiétante et étrange proximité se donne ici presque à voir, sous le couvert du regard. Ce n'est pas l'effroi, comme chez Jérôme, mais un émoi hors de mesure qui menace tout simplement de faire fondre (en larmes)

Philon sous l'empire d'un insondable chagrin. A d'autres moments pourtant, c'est sous le signe de l'angoisse que l'emprise du regard se trouve interrogée : « C'est d'ailleurs le surgissement de ce thème (du regard) qui marque le début de la plupart de nos entretiens : il y est question de mon regard, qu'il sent accueillant et bienveillant, auquel il se fait un devoir, et un scrupule, de répondre par un visage figé, plutôt fuyant, comme il conviendrait, pense-t-il, à un analyste d'en porter. Cet accueil reste pour lui une question, une assurance, mais aussi une menace. Il précise ainsi l'essence de la situation par un rêve habituel qu'il reprend en rêverie : « Quelqu'un s'approche de moi, dit-il, *en me fixant du regard*. C'est un homme. Indéfiniment je m'efforce de le repousser, il approche quand même; je commence à cogner de façon répétée sur cette gueule; plus mes coups s'accélèrent, plus il se fait proche et revient sur moi, comme un punching-ball mû par un ressort. Il paraît insensible et son visage affiche un sourire sarcastique. L'angoisse m'envahit... » C'est le moment où, dans les rêves, il s'éveille en tremblant.

A mon examen critique et rétrospectif, je pense repérer, dans l'évocation de ce (double) regard insoutenable et inextinguible, que nul coup ne peut détourner, un temps essentiel de cette psychanalyse où le réel — mais ici je dirais plus précisément l'objet — se trouve être mis en jeu par le travail de la cure. Je dois dire que, sur le moment je ne l'ai, ni vraiment méconnu, ni vraiment repéré comme tel. En faveur de l'ouverture de mon écoute, je puis trouver, à une analyse seconde de mon texte, un témoignage, lorsque je m'interroge sur le support de ce regard (père, mère, frère) et que je conclus en évoquant l'énigmatique « regard de l'Autre ». J'entrevois par là, c'est le cas de le dire, que ce qui regarde Philon où qu'il soit, c'est le défaut même de ce grand Autre (lieu où est supposé se recueillir l'ordre symbolique, littéral ou signifiant) dont la béance le fascine sous l'espèce du regard. Je dis « sous l'espèce » du regard, car ce pourrait aussi bien être dans un autre contexte, sous une autre espèce d'objet, excrémentiel par exemple, ou, sous forme de compromis, d'un sphincter irien [5]. Ce qui me

---

5. Au sujet des « espèces » d'objet voir plus loin « Un semestre à Vincennes » (p. 81).

permet aujourd'hui de formuler l'interprétation suivante, que je crois juste : l'essentielle et résistante difficulté pour Philon, c'est l'aporie de ce défaut de l'Autre; il tente, lui, de s'en assurer (tout ua mions d'en saisir quelque chose) par ce voile troué et brillant qu'est le regard, à défaut d'accepter de le voir (comme la brillance devrait pourtant l'y inviter) dans le phallus et la castration qu'il implique.

Il n'en reste pas moins que, dans l'ensemble, mon analyse et, à plus forte raison mon texte, se sont progressivement écartés de ce temps privilégié; l'interprétation en a été sensiblement gauchie. En effet, plutôt que d'en rester à l'écoute fidèle de ce qui se disait, j'ai plaqué une représentation qui, pour n'être pas tout à fait hors de propos, n'en est pas moins ajoutée avec une certaine complaisance : je veux parler du thème du « sanctuaire ». De l'atopie d'une faille constitutive du lieu de l'Autre, de ce défaut fondateur d'un ordre symbolique, je fais un lieu secret, sacré [6] certes, mais, ce faisant, je participe d'un très commun fantasme de type obsessionnel, et j'annule en partie le poids du réel qui vient à manifester son caractère tout à fait irréductible par l'évocation de l'œil qu'on ne peut réussir à fermer, même par le coup le mieux ajusté. Plus communément, on peut dire que Philon ne sait comment accepter la castration, mais en même temps ne recherche rien d'autre dans son analyse, même si c'est à reculons; en évoquant, fût-ce par-devers moi, la représentation du sanctuaire, je substitue la représentation du corps de la mère avec son cortège d'effusion, de communion et d'insondable obscurité, à l'inqualifiable défaut où s'impose, absolu, le réel.

Chez Ange Duroc, il semble que le symptôme lui-même illustre, mime pourrait-on dire, la butée contre le réel, pour l'annuler ou le maîtriser selon toute vraisemblance : « Duroc est inébranlable, irrémédiablement figé sur le seuil de la porte qu'il ne saurait franchir et dont la béance s'ouvre devant lui, plus pleine qu'un mur. Voici bientôt dix ans qu'il déploie son zèle industrieux à ne

---

6. Cf. « Un semestre à Vincennes », p. 78.

pas consommer son mariage. » Non que son érection soit défaillante : il recule tout entier, comme un phobique devant un espace vierge. Je pense — et l'explique ailleurs dans cet ouvrage [7] — que l'objet phobique entretient avec le réel un rapport tout à fait exemplaire, prenant en quelque sorte à sa charge la valeur absolument angoissante de l'objet proprement dit, objet *a* dans la terminologie lacanienne. L'objet proprement dit est innommable par définition, et là s'ancre ce qui mérite d'être appelé réel.

Or c'est curieusement à propos du cas de Duroc que Lacan, en un temps où il aurait pu avoir d'autres préoccupations, à savoir au Congrès international de psychanalyse à Stockholm en 1963, s'interrogea, ou m'interrogea, perplexe, sur la difficulté du repérage de l'objet dans cette psychanalyse. Il est vrai que si, dans la pratique, l'objet se donne comme la butée du réel, faille ou obstacle, il faut bien constater que Duroc en amène avec une telle profusion que l'on soupçonne l'objet d'être ailleurs : « Sa passion, notais-je, est d'ériger l'obstacle, la barrière contre laquelle il va buter, et ce n'est point de la renverser ou de la détruire qui l'intéresse, mais au contraire, de s'assurer qu'elle est bien là, sensible, résistante, qu'il peut de quelque façon la palper, la caresser, la maintenir dans une perpétuelle présence : il rêve de massif d'ancrage, de montagne qui ne soit que roc... » Je ne pense pas aujourd'hui, avoir grand-chose à reprendre à l'interprétation partielle que je donnais alors de cette « passion » et que je rapportais à une véritable expérience incestueuse vécue par l'enfant à l'âge de trois ans; je n'aurai qu'à y ajouter l'essentiel! « Le caractère fondamental de l'événement incestueux vécu par Ange Duroc a été l'*expérience du défaut sensible de l'interdit*. Le trait marquant de cette scène, sinon plus que la jouissance (ou l'angoisse), est certainement cette expérience du manque de défense, d'une barrière inexistante (qu'il n'y a même pas à renverser), d'une loi bafouée... En édifiant sans relâche de nombreuses barrières, en entretenant amoureusement ses « murs », Ange Duroc défend d'abord son nom, il s'efforce surtout de recréer l'obstacle de l'interdit, de se rendre sensible à tout instant la défense qui a manqué à son plaisir, plus précisément, de colmater la brèche sacrilège qui l'a précipité *au-*

---

7. Cf. « Un semestre à Vincennes », pp. 83-84.

*delà du plaisir*. Réaliser cet interdit de façon sensible est devenu pour lui sa passion même. » Mais cette interprétation n'était que partielle.

La question posée par cette psychanalyse reste celle d'une sorte d'envahissement massif de la cure par le symptôme : nous butons dans cette analyse, comme Duroc dans sa vie, sur un obstacle apparemment insurmontable ; je m'en faisais alors une raison en évoquant avec Freud le « roc » profondément enraciné de la castration, sur quoi, nous dit-il, bute en définitive toute analyse [8]. Cependant aujourd'hui, avec quelque recul, je pense que c'est peut-être faute d'un repérage correct de la place de l'objet dans cette analyse que je n'ai pas réussi à modifier l'organisation libidinale de Duroc. Si le travail du psychanalyste est bien, comme je le soutiens, de rappeler le réel, on conçoit que la difficulté, dans ce cas, vient de ce qu'Ange, se présentant en fils incestueux, semble s'employer spontanément, et pour lui-même, à mimer une invocation du réel pour conjurer ce qui, dans son histoire, paraît être intervenu sauvagement comme réel : d'avoir été l'instrument de la jouissance de sa mère et du même coup d'être en quelque sorte passé, corps et mots, au-delà du plaisir. Mais je pense aujourd'hui qu'on ne peut concevoir cette « expérience incestueuse » que comme une dérision de jouissance, et que cet au-delà du plaisir ne constitue en vérité qu'un souvenir-écran, une représentation, une construction masquant le point d'angoisse véritable qui doit se repérer, ou se circonscrire par deux ou trois mots tels qu'*eau, chute, bruit*.

Autrement dit, c'est d'avoir été fasciné par la pertinence psychanalytique de la construction du souvenir-écran qui m'a empêché d'aller au-delà de cet alibi ; je dis pertinence psychanalytique et je pourrais dire aussi bien rigueur théorique, car le contexte incestueux, où se déploie une si remarquable identification au phallus, court-circuite parfaitement la perspective d'un accès à la castration et en même temps, sur un mode pervers, en tient lieu. Il m'aurait fallu dénoncer le caractère de « construction » du souvenir pour pouvoir en interroger les quelques éléments que j'évoquais à l'instant : l'eau, la chute, le bruit, à quoi j'ajouterai l'odeur. On

---

[8]. S. Freud, « Analyse terminée et analyse interminable » in *Revue française de psychanalyse*, XI, 1939, n° 1, p. 28, G.W. XVI, 87.

peut constater qu'ils figurent explicites et insistants dans le texte de mon travail, ainsi par exemple : « A Gibraltar, il visite son fantasme, mais un vertige angoissant le saisit lorsqu'il franchit, sur la passerelle, l'intervalle qui du roc, le mène à son bateau. » Je pense que c'est bien dans cet intervalle du vertige angoissant que se situe le réel que j'ai laissé passer.

A la question liminaire que nous posions concernant la possibilité d'un texte psychanalytique, nous avons maintenant quelques éléments, sinon pour répondre, tout au moins pour poser le problème d'une façon plus précise. Et d'abord, en rappelant la distinction entre la psychanalyse proprement dite et l'écrit (ou la parole) *sur* la psychanalyse. J'ai tenté d'illustrer par la critique de trois observations le fait qu'une entreprise psychothérapique n'est vraiment psychanalytique qu'à partir du moment où l'*objet, comme index sans nom du réel*, est mis en jeu. Cette formulation me paraît plus précise, en tout cas plus opératoire, que l'invocation, comme critère du psychanalytique, d'un système ou d'un lieu, tel l'inconscient, ou encore de processus, tels que résistance et transfert. Je pense avoir donné à entendre, par la reprise et la critique de ces trois cures, que, selon que l'on réussissait plus ou moins dans ce travail à « démasquer le réel », il se produisait, ou non, quelque mutation dans l'organisation libidinale du patient. Sans doute peut-on objecter, au point où nous en sommes, que les concepts de réel et d'objet restent encore obscurs ; j'en conviens, mais c'est l'ambition de cet ouvrage que d'apporter les éléments pour les construire. Je n'ai voulu jusqu'ici qu'en repérer l'évanescente et inquiétante présence dans la cure, et marquer qu'à travers toutes les constructions que nous ne pouvons éviter de subir ou de suggérer, l'essentiel, la « force convaincante », absolument contraignante, ne se trouve en nul autre ailleurs [9].

9. Peut-être aurais-je été plus convaincant si j'avais, comme le suggérait un ami, comparé des analyses d'hommes et de femmes au lieu de ne prendre pour exemple que trois analyses d'hommes. Je pense en effet que la prise de la femme dans le réel — son rapport à l'objet (au phallus, à la castration) — pose un problème supplémentaire à l'analyste au point que certains, parfaitement clairvoyants, résument la situation en disant la femme inanalysable.

Mais que dire maintenant d'un écrit sur la psychanalyse ? Si la psychanalyse est bien une entreprise qui se caractérise par la mise en jeu du réel, et comme nous le verrons plus loin, le dévoilement de toutes les tentatives visant à réduire l'insoutenable qu'il constitue, je pense que pour parler avec pertinence du problème de l'écrit *sur* la psychanalyse, il convient d'abord de repérer les rapports de l'écriture au réel [10]. Je ne peux le faire ici qu'à grands traits, alors que le problème mériterait, on s'en doute, un travail particulier [11]. Le texte fait son affaire du réel comme la toile d'araignée la fait de l'espace qu'elle ordonne et où elle déploie son piège ; l'écriture d'une seule lettre est une opération qui résout à sa façon le rapport à l'objet en barrant de son trait la faille sans nom où subsiste le réel. Nul texte ne peut mettre en jeu ce que sa texture même est faite pour colmater ; aucun artifice d'écriture ne peut véritablement mettre en défaut cette intrinsèque fonction de vêture du texte. Qu'on n'aille pas déduire de ces mots que je fais du texte une superstructure ; ce que je dis, c'est que tout texte s'ordonne comme voilement du défaut et qu'il ne peut faire apparaître par lui-même que des semblants de manque. Le « vrai » ou « bon » texte est celui dont l'auteur a pris son parti des exigences propres à l'écriture ; le texte se trouve, de ce fait, allégé, aussi bien des artifices destinés à reproduire quelque rupture ou défaut, que des surcharges visant à en affirmer la cohérence ; il vaut par la rigueur même de son ordonnance qui ne dément ni ne voile sa fonction de vêture. Sa beauté serait alors comme la finesse de la toile où l'inquiétante aura de réel resterait à « dé-lire ». Ce qu'on peut attendre d'un écrit sur la psychanalyse devient simple à formuler : c'est d'abord qu'il constitue un vrai texte, ajusté à son rapport intrinsèque au défaut ; et ensuite qu'il traite effectivement de psychanalyse, c'est-à-dire de la constante nécessité et difficulté à rappeler le réel.

---

10. Voir aussi « Un semestre à Vincennes », pp. 67-68.
11. Cf. S. Leclaire, « Le réel dans le texte », in, *Littérature*, n° 3, Larousse 1971, p. 30-32.

## 2. Du déplacement d'un centre de gravité

La mise en évidence, dans la situation psychanalytique, du défaut de l'ordre littéral (signifiant), constitue l'essentiel de la cure. Par ordre littéral j'entends — et nous aurons amplement l'occasion d'y revenir — le phénomène de la structure, le jeu combinatoire des lettres (signifiants), qui est l'armature de toutes les constructions représentatives (ou significatives). Le travail du psychanalyste ne saurait être pourtant de se laisser prendre au jeu littéral (signifiant), mais bien de faire apparaître le défaut qui en est le moteur et, en quelque sorte, la « cause absolue ». Nul mieux que le psychanalyste ne devrait savoir ce que formule avec simplicité telle analysante quand elle constate que « les mots ne peuvent parler directement de la mort ni du sexe », ce qui ne fait qu'affirmer que mort et sexe participent, eux, du réel, en ce lieu d'incompatible, entre manque et mot. C'est bien ce que Freud a découvert en interrogeant les oublis, les lapsus, défauts du discours, ratés et trébuchements.

Faire apparaître ce défaut ne va pas sans mal, et l'on aurait tort de l'imaginer comme un jeu paisible : nul ne reste indifférent lorsqu'inopinément le sol lui manque ou qu'un fantôme se met en travers de son chemin; l'angoisse, la colère, l'effroi, les larmes ou le fou rire surgissent dans le manque de mots. Pour Jérôme, c'était l'effroi devant une forme sans nom ou le « mouvement de fond » d'une angoisse organique; pour Philon, c'était l'effusion d'un sanglot hors d'âge quand apparaissait le « deuxième regard », ou la rage mêlée de peur devant l'œil qu'il ne pouvait fermer; pour Duroc, le vertige angoissant était resté dans le seul souvenir. Je pense que l'expression d'*effet de rupture* caractérise assez bien ce temps essentiel de la cure; en effet, quelque chose d'hétérogène au bon ordre littéral s'y manifeste : aucune lettre ne peut rendre décent l'innommable d'un cadavre putréfié, rien ne peut domestiquer la sauvagerie (ou la cruauté) d'un œil ouvert et sans fond. Ainsi, et par rapport à l'ordre du système de relations que constituent les lettres (signifiants), c'est bien en *rupture* que se produit l'affleurement du réel. Les exemples suggestifs auxquels j'ai eu recours pour illustrer ce temps essentiel de la cure pourraient laisser penser que quelque caractère pathétique ou dramatique y est nécessairement lié : ce n'est pas le cas. Il semble au contraire que la rupture, où gît en fait l'efficace de l'intervention interprétative, peut se produire aussi bien dans le silence : on constate alors, après coup, une mutation dont les pivots restent difficiles à repérer. Elle peut aussi se produire — et c'est le cas le plus commun — dans l'efflorescence d'un réseau significatif qui se dévoile, et l'on attribue alors à la découverte de ces nouveaux sens le changement qui survient, ignorant et voilant du même coup l'objet, ce tout autre, sans nom ni sens, qui en a été le véritable pivot. Ce qui fait que dans ce dernier cas, le plus fréquent, une interprétation, même « fausse » du point de vue de la cohérence littérale, peut être efficace, dans la mesure où l'intervention a mis en jeu, de quelque façon, le réel sous l'espèce du tenant-lieu de l'objet [12].

Ce qui, dans la tradition psychanalytique, concerne au plus près la mise en évidence du défaut, se nomme analyse de la castration. Le tout est assurément de s'entendre sur le contenu à donner au concept psychanalytique de castration, et l'on verra qu'en un semestre à Vincennes j'ai tenté, au moins, de rassembler les données du problème. Je me contenterai, pour l'instant, de paraphraser ce que je pouvais en formuler à la fin d'un précédent travail [13] : le phallus, par rapport auquel doit être pensée la castration, est à concevoir — si l'on peut ainsi mal parler à l'encontre d'une « saine » conceptualisation — à la fois comme lettre du manque et comme seul emblème possible de l'objet; son statut absolument unique en fait le seul trait d'union existant entre le réseau des termes littéraux (signifiants) et le « tout autre » du manque; corrélativement, on peut dire qu'il est la cheville ouvrière du déploiement littéral, pour autant que celui-là se fonde sur un inqualifiable défaut. La castration est pratiquement la mise en jeu de ce rapport

---

12. Au sujet de cette notion de tenant-lieu de l'objet, qui constitue à mon sens le seul mode de « présence-absence » de l'objet, dont on ne peut, en toute rigueur, parler que comme objet-manque, voir « Un semestre à Vincennes », pp. 92-93.

13. Cf. *Psychanalyser*, chap. VII, p. 163.

impossible entre l'objet-manque et la lettre; en tant que telle, elle constitue le modèle de toute articulation et se trouve impliquée comme lest de réel dans n'importe quelle relation littérale. On voit que, contrairement à un usage fâcheusement répandu, la castration, loin de devoir être pensée platement, en anatomiste, comme une infirmité, demande à être considérée comme le temps essentiel d'une mise en place correcte des faits de la parole et du sexe.

Si l'acte spécifiquement psychanalytique de l'interprétation consiste bien, comme je l'indique, en un effet de rupture, il faut pourtant remarquer d'abord, que, contrairement à l'acte, tel que le définit Lacan, et qui se caractérise par une sorte de court-circuit où le signifiant semble se signifier lui-même, l'interprétation se caractérise par la mise en jeu de la défaillance de la lettre, la mise en évidence du manque sur lequel échoue toute prise littérale. Je pense au reste que les passages à l'acte dans les temps féconds de l'analyse, fréquents, massifs et pourtant souvent méconnus, sont à comprendre comme un mode de refus, ou de compensation, des brèches ouvertes par la cure dans le bon ordre littéral dont participent les constructions fantasmatiques. Mais il est un autre aspect, beaucoup plus important, de l'intervention interprétative ainsi conçue : je veux parler de son effet de transgression, ou plus généralement de son rapport avec la jouissance et la relation incestueuse.

Il convient de nous y arrêter un peu plus longuement : la mise en évidence du manque, en quoi consiste le ressort efficace de l'interprétation, est aujourd'hui encore, et sera sans doute toujours, vécue comme inacceptable et scandaleuse. A juste titre. Il faut ici rappeler que la jouissance, que l'on décrit métaphoriquement comme possession du corps de la mère, se définit précisément comme interdite. De même que le réel ne peut s'évoquer que comme manque par rapport au réseau littéral, manque à la fois tout à fait étranger et constituant pourtant son ressort essentiel, de même la jouissance ne peut se concevoir qu'à partir de l'interdit (ou l'interdit ne se formuler qu'en réponse à l'absolu de la jouissance). Pas plus qu'on ne peut nommer le réel, on ne peut discourir sur la jouissance; il ne reste alors qu'à parler de l'interdit. L'interdit c'est essentiellement, comme je l'ai déjà écrit, le *dit* lui-même. Il suffit de considérer le dit dans son rapport au défaut qui lui permet de se constituer comme tel, pour comprendre que le réseau littéral (signifiant) se déploie comme une défense contre sa propre résorption par le manque lui-même. Tout comme une œuvre architecturale, dans la mesure même où elle lutte intrinsèquement contre la gravitation et le vide, donne accès, lorsqu'elle est réussie, à l'abîme qu'enserre et cache l'espace, de même l'ordre littéral (et lui seul) ouvre et barre les portes de la jouissance. Dans cette perspective structurale, le « corps de la mère » est à entendre comme la représentation métaphorique d'un fantasmatique contenant primordial, d'un livre, du texte dont un autre est issu par l'intervention du phallus. Je rappellerai, en bref, à ce propos, que phallus n'est pas que pénis et qu'il est avant tout l'impossible lettre du manque. La « possession » du corps de la mère par laquelle s'évoque communément la jouissance est alors à comprendre comme connaissance (qui rencontre là son « sens biblique ») du secret de la fécondité, ou de la « vie », c'est-à-dire précisément du manque grâce auquel le phallus remplit son office, et par lequel tout texte (construction littérale) existe comme tel. Que cette formulation qui se veut simplement rigoureuse n'aille pas donner à penser que la structure escamote la réalité du corps par quelques jeux de mots : on le retrouve sans peine pour peu que l'on en vienne à s'interroger — comme ce sera le cas plus loin — sur la place relative qu'occupent la « réalité matérielle » et le corps physique par rapport au réel : à savoir, par provision, la place d'un tenant-lieu d'objet.

On conçoit donc que le fait de « démasquer le réel », c'est-à-dire de réaliser par l'interprétation la mise en évidence du manque dans l'ordre littéral, constitue le modèle de la chose interdite; il n'en reste pas moins que c'est elle, cette chose interdite, qui s'accomplit effectivement dans toute entreprise vraiment psychanalytique. En somme, et pour user des termes imagés du vocabulaire technique, l'interprétation vise au nœud vif de la structure œdipienne d'une part en dévoilant le procès de fécondation de la « scène primitive » et d'autre part en réalisant l'intromission incestueuse contre laquelle, pourtant, tout se ligue et s'ordonne. Ainsi, par exemple, dans l'analyse de Philon, c'est la mise en jeu explicite du regard vide ouvert dans le sphincter irien du troisième œil [14], qui constitue la faille où surgit l'angoisse de l'extrême étrangeté ou intimité; plus simplement encore, dans l'analyse de Jérôme, c'est l'obscénité du cadavre en décomposition [15] qui est dévoilée avec effroi, tel un coin de réel dans la trame rigide du texte obsessionnel. Par là, c'est vraiment l'envers, ou mieux l'au-delà, de la « scène primitive » avec son décor et ses personnages, qui se trouve présenté, et non pas seulement re-présenté. On voit à quel point ce qui se produit par l'interprétation est bien autre chose que l'articulation de quelque sens nouveau : c'est le dévoilement, non point d'un « événement traumatique » comme le pressentait la psychanalyse naissante, mais du traumatisme (ou de la violence ou de l'excès) que constitue par lui-même le manque, et autour duquel viennent, comme les phalènes autour de la lumière, se précipiter les « événements ».

Si l'interprétation est bien ce que je viens de dire, il y a tout lieu de penser qu'une telle pratique, qui se définit en somme comme violente et inacceptable, a, depuis soixante-dix ans qu'elle se perpétue quand même et se répand, produit quelques effets par-delà les personnes qui s'y sont livrées. Je précise tout de suite que ce n'est pas la prospérité des pratiques qui se disent psychanalytiques, ni la diffusion d'un savoir sur la psychanalyse, juste, approximatif ou faux, que je veux considérer; encore qu'il ne serait pas hors de propos d'examiner ce que véhicule — ou non — de charge de réel tout ce qui se réclame de la psychanalyse. Les effets que je veux interroger sont ceux qui sont directement liés à l'interprétation, conçue comme mise en jeu du réel, et que j'ai repérés comme étant de rupture; or il est évident, que les effets essentiels de la psychanalyse ne se limitent plus aujourd'hui au niveau de la seule économie psychique des psychanalystes et des patients. Il me semble que l'on peut, entre autres, repérer ces effets au niveau de la structure familiale d'une part, et, d'autre part au niveau de la pratique psychanalytique elle-même.

---

14. J'emploie ce terme comme métonymie du troisième, ou mieux, du quatrième regard en jeu dans cette occurrence; je veux dire que sont à compter : le mien, le sien, celui de sa mère, et l'autre.
15. Dont l'une des formes évoquées est le fœtus macéré.

En ce qui concerne la famille, le fait, par exemple, qu'aujourd'hui *la réalité de la scène primitive tende à se dévoiler plus concrètement à travers le cabinet analytique que dans le cadre de la chambre des parents indique bien quelque chose comme le déplacement d'un centre de gravité.*

Je m'explique : si l'on considère, pour illustrer ce problème, la curiosité par laquelle se manifeste l'interrogation de toujours « d'où viennent les enfants », on s'aperçoit qu'elle reste à peu près aussi vive et pareillement insatisfaite dans l'âge mûr qu'elle l'était dans l'enfance; sans doute trouve-t-elle d'autres formes pour se dire : c'est la question des origines, de la transmission de la vie, l'investigation microscopique des procès de fécondation, l'étude chimique des supports génétiques. Mais en fin de compte, on constate que la question bute sur quelque chose du réel qui se dérobe, immortel comme le « germen » cher à Freud, ou insaisissable comme on dit être l'âme (la psyché). Quel que soit le degré de théorisation de la pratique psychanalytique, une chose est sûre et communément acceptée, c'est que dans toute prise en considération de la vie sexuelle et de ses effets, attirance (choix d'objets), union, conception et engendrement, l'ordre propre du désir prime absolument les faits d'organisation biologique. Or de quoi relève essentiellement le fait du désir, si ce n'est précisément — à la différence des phénomènes de besoin et même d'instinct — de l'ordre littéral (signifiant) ? La dimension du désir ne peut être conçue, comme Lacan l'a définitivement établi, autrement que dans la reconnaissance de la primauté de l'organisation littérale (signifiante). Il faut bien entendre que la scène primitive s'avère, à toute analyse, être la mise en scène du temps de la conception, et, plus précisément, de la propre conception du sujet qui s'interroge. Aussi bien, dès lors qu'on se place dans une perspective psychanalytique, ce n'est plus seulement par la représentation des personnages parentaux s'accouplant, et par la mise en jeu d'éléments biochimiques que peut se reconstruire après coup la « scène primitive », mais aussi et avant tout en termes de désir, c'est-à-dire avec des éléments littéraux (signifiants) et des représentations inconscientes : en somme, *d'une version figurative* et dramatique présentant une opération biologique, *on passe à la version de référence, structurale, dévoilant le réel d'une opération littérale.* Le procès d'engendrement est à repérer primordialement comme ce qui se produit dans la mise en évidence, par le moyen du phallus, du réel du manque dans l'articulation littérale.

Nous avons déjà remarqué que c'est la mise en évidence du réel qui, dans le cours de la cure, produit une mutation de l'économie. C'est dans cette même ligne d'une fonction déclanchante, ou même « génératrice », du réel que l'on pourrait avancer l'hypothèse suivante, qui serait à développer dans un autre travail : le ressort d'un fait de production (engendrement d'un pareil-pas pareil) pourrait se représenter de façon imagée comme le clivage, ou dédoublement, produit dans une chaîne par le déblocage du maillon hétérogène et virtuel qui assure, à la place du manque, plus résistant que tout autre, la cohérence de l'ensemble. Mais quoi qu'il en soit de ce temps crucial du dévoilement traumatique, qu'on l'appelle scène primitive ou interrogation sur le réel dans l'articulation littérale, une chose est certaine c'est *le caractère violent et intolérable de cette mise en évidence du point de rupture ; or la cure psychanalytique n'a pas d'autre fonction que de la produire*, et il n'est pas de position libidinale, de construction fantasmatique dont l'ordonnance ne soit précisément commandée et fixée par un point de réel dont tout concourt à cacher le vide, à dire et contredire la défaillance.

C'est en ce sens que l'on peut avancer, je pense, que la *pratique psychanalytique est incestueuse en son essence* ; en effet, au regard de ce que j'ai appelé la version de référence, structurale, de la scène primitive, le « lieu originaire » se repère au niveau du manque et du maillon virtuel qui en soude la réalité objectale : atteindre ce lieu ne se réalise que par une violence à l'encontre de la force propre qui régit l'organisation littérale (signifiante) et le voilement du réel. De plus, c'est la clé de voûte de toute loi (ou ordre) possible qui est ainsi visée et mise en cause par le fait de démasquer le réel. On peut saisir là, plus clairement que dans les « versions dramatiques », le modèle de l'insoluble conflit où règne le désir, entre la force tranquille et cohérente de la loi et l'appel violent à la jouissance étrange et inquiétante d'un réel hors mesure.

J'évoquais tout à l'heure la question des effets de plus d'un demi-siècle de pratique psychanalytique, spécialement au niveau de l'institution familiale. Le déplacement d'un centre de gravité figure, de façon exemplaire les conséquences de la pratique psychanalytique, aussi bien sur l'institution familiale que... sur l'institution psychanalytique. Je m'arrêterai un instant encore sur la référence à la famille avant d'examiner dans la même perspective, la situation actuelle de la psychanalyse. A vrai dire, le déplacement du noyau vif de la conjoncture œdipienne, de la scène familiale à la scène psychanalytique, est strictement corrélatif d'une mutation sociologique dont on peut repérer psychanalytiquement le ressort au niveau de l'institution familiale. Je veux dire que si l'on considère la famille comme une institution destinée à régir et « normaliser » la vie sexuelle en ses causes (ou composantes) et en ses effets, on comprendra que le réel, qui en est le seul véritable ordonnateur, y soit fermement et sévèrement fixé hors de portée de toute question indiscrète. Comme nous aurons plus loin l'occasion de le démontrer [16], c'est la dimension du sacré qui intervient en ces occurrences où le réel, comme tel, impose son absolue contrainte en même temps que son dérobement ou escamotage, nécessaire à la tranquillité d'une quelconque « mise en ordre ». Il allait donc de soi que l'institution régissant la vie sexuelle fût de quelque façon « sacralisée ». On ne saurait dès lors s'étonner de ce que, depuis quelques lustres, le sanctuaire où était déposé le secret d'une paternité, ou d'une vie, d'essence divine, ait été quelque peu profané. Désacralisée, l'institution familiale ne peut faire plus que se survivre : elle n'est plus le lieu où se perpétue le culte des mystères de la vie, elle n'est plus qu'une organisation où un usage réglé des choses sexuelles rencontre les impératifs économiques; en somme, elle n'assure plus par elle-même la garde et le dérobement d'un réel tout-puissant, et celui qui en est curieux, désir de savoir ou avidité de jouissance, ne s'y trompe plus.

Que l'on s'entende bien pourtant, sur ce que j'ai décrit comme déplacement d'un centre de gravité : je ne veux pas dire par là que la scène de la « chambre des parents » ne soit plus en fonction et qu'il ne s'y joue plus rien; ce serait méconnaître le théâtre où continue de se représenter pour la plupart des enfants, la scène primitive comme prologue à la tragédie œdipienne qui n'a rien perdu de son actualité. Ce que je décris se fonde sur l'analyse de la situation psychanalytique dans laquelle j'ai constaté qu'il ne

---

16. Cf. « Un semestre à Vincennes », p. 78.

servait plus guère à rien, aujourd'hui, de référer quelque représentation de recherche, de curiosité, de rencontres magnifiques ou terrifiantes, à la disposition figurée d'un coït entre les parents ; non seulement cela ne produit aucun progrès effectif dans la cure, mais cette façon traditionnelle d'intervenir, superflue puisque déjà connue, tend au contraire à être entendue comme une façon d'éviter, voire de nier, le poids actuel de la question, ou de l'angoisse, qui vient ainsi à se dire. Il ne suffit pas plus de recourir ici à la dimension du transfert en évoquant, dans l'intervention, une représentation de soi-même, analyste, ou quelque détail figuré du cabinet de consultation. *La recherche qui se dit est celle-là même qui se poursuit en fait, et fondamentalement, dans la psychanalyse.* Il est clair, je pense, que l'exemple de la scène primitive dont je me suis servi vaut en quelque sorte, comme métonymie de « l'Œdipe » ou, aussi bien, de la « castration » : en effet, si le divan psychanalytique est devenu le lieu où se déroule effectivement le jeu de la confrontation au réel, on comprendra qu'il ne peut plus être d'appel à la castration ou de rivalité œdipienne dont l'expérience actuelle ne se réfère en priorité à la scène psychanalytique. Ce qui, encore une fois, ne veut nullement dire que la marque des événements et les souvenirs de l'enfance ne soient pas à leur façon déterminants ; mais en toute rigueur, il faut dire qu'ils n'ont fait que s'inscrire dans la structure, donnant corps, en quelque façon, aux éléments et relations sous l'espèce des personnages, situations et rapports.

Il n'en reste pas moins que le déplacement de la figuration vers la structure, que je viens de mettre en évidence, constitue, à mon sens, un fait majeur dans l'accomplissement du destin de la psychanalyse : le méconnaître tant soit peu serait se mettre dans la situation, absurde pour un psychanalyste, de ne plus pouvoir démasquer le réel.

## 3. Du phallus comme joint avec le réel

Il nous reste maintenant à considérer les effets du déplacement sur le champ psychanalytique lui-même.

Comme je le remarquais tout à l'heure, ce n'est pas essentiellement dans les fantasmes transférentiels que s'actualise l'interrogation face à la structure œdipienne, mais bien dans le fait du dit qui vient en séance, et des défauts qui s'y produisent, témoins du pivot de la structure. A l'écoute des trébuchements où s'insinue le réel, le psychanalyste, dans son fauteuil, semble bien être à la place de celui qui épie. Je ne m'attarderai pas sur la représentation du psychanalyste comme voyeur sinon pour marquer qu'en l'occurrence, son attention (flottante) serait véritablement à l'affût du défaut du discours, ou, ce qui revient au même, du phallus y réalisant son office. Mais se représenter les choses ainsi serait en revenir paradoxalement à la primauté de la version figurative du complexe d'Œdipe, dont je pense avoir montré le caractère idéologique ; mieux vaut dire que *le psychanalyste est* (à la place d') *une oreille*. Qu'elle sache éventuellement voir, entendre ou parler, qu'elle orne une tête pensante et soit appendue à un corps désirant, n'améliore guère, compromet parfois, sa vertu essentielle de tenant-lieu d'objet, sourd, aveugle et muet mais parfaitement adapté à sa fonction de « pousse au dire. »

Le psychanalyste, pris aujourd'hui dans les mailles du succès de la psychanalyse, peut, certes, survivre pendant quelque temps encore en s'employant à confirmer, pour la satisfaction du plus grand nombre, que le réel sur lequel a conduit la découverte de l'inconscient a été parfaitement maîtrisé et sera encore tenu à distance, dûment voilé, pourvu qu'on le contienne maintenant dans le *mythe* œdipien ; mais il faut qu'il sache que ce faisant, c'est-à-dire, par exemple, en maintenant comme actuelle la fiction d'une famille d'un autre temps, il contribue à replâtrer les constructions de l'idéologie encore dominante, pourtant déjà ruinée. Pour celui qui prétend continuer à faire de la psychanalyse — et non pas de la contre-analyse — il est très nécessaire qu'il sache ce qu'être psychanalyste veut dire, qu'il se déprenne au moins des modes de penser pré-psychanalytiques et qu'il ait la dignité, quand il s'assoit dans son fauteuil, de ne pas se prendre pour un concept idéologique, je veux dire pour quelque chose comme un « bon sujet », une « personne humaine », ou encore un docteur ès œdipe ; être psychanalyste veut dire d'abord ne se prendre pour rien, place ouverte au réel, prêt à tenir lieu d'objet, d'oreille pourquoi pas.

Examinons ce qu'il risque à le méconnaître.

Qu'il le veuille ou non, qu'il le sache ou l'ignore, le psychanalyste est aujourd'hui devenu une sorte de préposé à la solution des conflits psychiques. Sans doute certains se défendent-ils d'être ainsi casés en une place, repérés en une fonction : encore faudrait-il qu'ils en aient les moyens! Car ce n'est pas en protestant au nom de l'originalité de l'inconscient, de la singularité de leur statut, ou, plus précisément, en affirmant l'impossibilité d'être psychanalyste si ce n'est en quelque hors-lieu, qu'ils ne sont point pris en ces places et fonctions que tout concourt aujourd'hui à leur assigner. Pour être psychanalyste, il faut savoir qu'à quelque place qu'on se trouve pris, il convient d'abord de n'y point adhérer; mais l'essentiel pour que ce démarquage soit plus qu'une clause de style, est de réussir à n'*être pas partie prenante* dans l'économie des fantasmes où se règlent les désirs de chacun. La chose est plus difficile qu'on ne feint, même entre psychanalystes, de le croire; le déplacement du centre de gravité que j'ai mis en évidence va nous permettre, je pense, de la faire comprendre.

Imaginons, par exemple, que le psychanalyste ne se rende pas clairement compte que son cabinet est devenu le théâtre où se joue la « version de référence » de la scène primitive; il continuera dès lors à regarder, à travers les fantasmes de son patient, du côté de la « chambre des parents », sans s'apercevoir que, faute d'y prendre garde, il s'y trouve en quelque sorte, avec son fauteuil, installé : il a bonne mine, alors, de montrer finement à son patient ce qui se joue sur une scène où il ne sait pas qu'il se trouve lui-même, malignement, transporté. On me dira que la charge est un peu grosse et que les psychanalystes sont quand même assez futés pour ne pas tomber dans un tel piège; j'accorde bien volontiers que la plupart ne sont pas sans pressentir quelque difficulté dans leur exercice quotidien, comme en témoigne au moins un certain « malaise » dans la pratique que les colloques savants et constructions prétendument théoriques s'emploient à réduire. De ce mal-être dans le fauteuil, je voudrais pourtant relever ici quelques signes : ils sont divers et je n'en retiendrai que trois séries.

Je pense d'abord au fameux silence de l'analyste : il est calculé, bien sûr, prudent, c'est vrai; mais pour tout dire, il est aussi gêné, car le psychanalyste, à moins d'être parfaitement néophyte, ou tout à fait naïf, ne sait plus quoi dire, ni surtout comment le dire, faute de savoir avec sûreté ce que parler veut dire et d'où se profèrent les mots énoncés. Il est vrai qu'il est des psychanalystes qui, tout au contraire, ne se privent pas d'intervenir : les uns, confiants en la toute-puissance de leur doctrine, semblent, eux, avoir surmonté tout malaise, tant il est vrai qu'en endoctrinant leurs patients sous prétexte d'interprétation, ils sont, en tout état de cause, sortis d'une position psychanalytique; pour les autres, les plus rares, c'est presque délibérément qu'ils interviennent en parlant *à côté* de ce que devrait être une interprétation, comme si, las d'être pris à leur rôle de psychanalystes, ils se défaussaient [17] pour provoquer l'autre à mieux dire.

C'est dans le même sens, de contournement d'une difficulté mal reconnue, que je comprends le recours de plus en plus fréquent à un tiers; vers le temps que l'on nomme, pour la circonstance, « la fin de la cure », on suggère de poursuivre ou de terminer avec un autre psychanalyste, ou encore, pour les candidats psychanalystes, on avalise, on suscite même, la référence simultanée à un autre praticien pour entreprendre un travail sous contrôle. Ce sont là deux façons courantes de « passer la main »; je pense que ce recours à une deuxième référence psychanalytique correspond à une tentative de sortir de l'impasse qui se constitue lorsqu'on se laisse prendre *in situ* dans la scène œdipienne.

Enfin, je tiens pour un signe notable de la même impasse le fait que les psychanalystes ne réussissent plus guère à s'entretenir de leur pratique si ce n'est sous la forme d'exposés *ex cathedra*, de contrôles institués sous l'œil d'un *super*viseur, ou alors dans le cadre de couples psychanalytiques homo ou hétérosexuels. Corrélativement, je pense qu'il faut dire l'importance croissante que prend, dans les cures, la mise en jeu implicite ou explicite de ce qui se passe sur d'autres scènes, je veux dire sur d'autres divans.

---

17. Terme emprunté à F. Perrier.

Ainsi, dans le cours d'une psychanalyse, il suffit que l'objet aimé soit déjà (ou en vienne à s') allongé(r) lui aussi sur un divan, pour que la fascination des énigmes et choses cachées s'installe à son tour et de tout son poids du côté de l'autre divan; cela est si vrai qu'il est maintenant des analyses où les réseaux d'allégeance des divans fréquentés par les amis et amants se substituent aux relations de parenté.

Mais revenons à plus de rigueur : que veut dire être psychanalyste, ne se prendre pour rien, place ouverte au réel, prêt à tenir lieu d'objet ? Comment n'être pas partie prenante dans la structure des fantasmes où se règle l'économie des désirs de chacun ? La question ne peut s'entendre correctement qu'à partir du moment où l'on reconnaît que c'est le fantasme qui assure la singularité d'une personne et constitue la charpente de ce qu'on nomme individu. En somme, la psychanalyse substitue le fantasme à ce qu'on repérait communément en tant que « sujet » : la singularité de la construction d'un appareil de désir qui prend la place du référent subjectif. Ce qui ne veut pas dire que la notion de sujet n'ait pas de place dans la psychanalyse : il doit seulement être conçu tout autrement. Ainsi que chacun peut le savoir en lisant *Scilicet*, où tend à se formuler la doctrine de l'École freudienne de Paris, le « sujet que Freud introduit sous le terme d'*Ichspaltung* n'est introduit, précisément, que divisé et nous requiert de constituer la logique de cette absence d'un sujet « plein »; de plus « le sujet se constitue (à partir de l'opération signifiante comme on va le rappeler) comme ne pouvant savoir : il n'y a pas de sujet du savoir (car le savoir est le savoir de l'Autre, conçu comme lieu). Le sujet ne se détermine que par rapport au signifiant dont on peut dire qu'il est l'effet, repérable dans l'intervalle de la répétition, ou topologiquement « identifiable à une surface toujours déjà engendrée par une coupure » (portée sur une surface, coupure qui figure au mieux le signifiant); le trait unaire, signifiant de l'un comptable, étant pure différence, ou différent de lui-même, « le sujet ne pourra s'y fonder que dans la division ou la différence d'avec lui-même ». Le sujet est fondamentalement *clivé* et n'est saisissable que dans « son émergence en moments de *fading*, liés à ce battement en éclipse de ce qui n'apparaît que pour disparaître ». Un pas de plus dans la mise en place du sujet consiste à articuler le moment de disparition du sujet avec la mise en jeu de l'objet *a* et la construction du fantasme : « C'est en tant que le signifiant a à redoubler son effet et à vouloir se signifier lui-même, que le sujet surgit comme exclu du champ qu'il détermine; il disparaît comme sujet, mais à ceci près que sa disparition ne se produit qu'en rapport avec le jeu d'un objet d'abord surgi comme alternance d'une présence et d'une absence. Dans ce moment du fantasme, réponse anticipée à la question radicale de l'Autre, le sujet est en fading devant l'objet *a* dans la mesure où il se fait radicalement — *a*. » Ce que dit encore sur un mode plus descriptif, et en y ajoutant le terme essentiel de phallus, la séquence suivante : « L'objet du besoin, du fait d'être pris dans les répétitions de la demande, *devient* l'objet du désir : le sein, objet réel, à devenir signifiant de la demande orale, fait surgir le *a*, le sein objet érotique, et *la fonction du phallus* est ce qui doit nous servir de support pour formaliser cette transmutation de l'objet du besoin en objet de désir. Si la dimension de la demande fait surgir celle du désir dans son côté insaisissable, la fonction phallique sera l'opérateur qui permet de conjoindre, de nouer le désir avec ce qui, d'autre part, se définit comme le champ de l'objet *a* dont le sujet *est*, à strictement parler, *la coupure*. » Sans doute ces formulations extraites d'un ensemble textuel[18] où la topologie fait contrepoint à la logique, peuvent-elles paraître un peu arides dans leur rigueur. Qu'il suffise au lecteur profane d'en retenir que le sujet dont il est question dans la psychanalyse n'est pas un référent unifiant, plein et stable, qu'il se caractérise au contraire comme effet du signifiant, clivé (divisé), n'apparaissant que pour disparaître, et surtout que son instauration est strictement corrélative de la mise en place de l'ordre où apparaît le désir. A la place de l'habituel référent subjectif, c'est le fantasme, support du désir, qui dans sa permanence, constitue la singularité de l'individu.

Il convient ici d'en dire un peu plus sur le fantasme, conçu psychanalytiquement comme dispositif où le sujet clivé, effet de l'opération signifiante, s'articule à l'objet, produit comme reste : « C'est là, — en ce défaut de l'Autre — que l'objet (reste ou chute

---

18. Cf. « Le clivage du sujet », in *Scilicet* 2/3, éd. du Seuil, 1970, p. 103-136.

de l'opération signifiante de division du sujet) va se mettre à couvert en constituant cette ek-sistance du sujet qui reste suspendu à l'Autre sous cette forme : rien n'est sûr, sinon qu'il cache cet objet, et l'objet du désir existe comme ce rien dont l'Autre ne peut savoir que c'est tout ce en quoi il consiste. Ce rien en tant que caché à l'Autre devient l'enveloppe de tout objet devant lequel la question même du sujet ne peut que s'arrêter, dans la mesure où il devient lui-même imaginaire; telle est la place du fantasme », fantasme que Lacan formalise en son graphe comme $ \$ \lozenge a $. Il apparaît au moins, je pense, que le fantasme, au sens psychanalytique du terme, se construit à partir du jeu de relations s'instaurant entre le sujet de l'inconscient et l'objet du désir; cette construction qui supporte le désir, se réalise, en somme, entre le rien qui entoure l'objet et la division inhérente au sujet, ou encore entre le réel et l'effet du signifiant.

Peut-être pourrons-nous formuler maintenant en quoi consiste le fait d'être psychanalyste, c'est-à-dire de se mettre en situation de ne pas être partie prenante dans la structure des fantasmes où se règle l'économie des désirs de chacun. Prenons pour exemple le très commun fantasme des origines, puisqu'aussi bien c'est lui qui se trouve impliqué dans le thème de la scène primitive dont nous avons déjà parlé; on en connaît le dispositif qui fige la question entre un point d'origine, tenant lieu d'objet projeté dans le passé et un point actuel qui en serait le déploiement et auquel s'identifie habituellement le sujet qui interroge : d'où suis-je issu ? La formulation la plus générale du fantasme des origines : « on est issu de x » illustre bien le côté d'évidence, voire même de vérité, que revêt tout fantasme; mais, à s'y laisser prendre, on méconnaît le côté du désir qu'il supporte fondamentalement.

Le fantasme des origines est impliqué dans tout appareil de désir; il fait partie, avec les fantasmes de séduction et de castration, de ce que Freud a repéré en tant que fantasmes originaires (*Urphantasie*), et comme le remarquent justement J. Laplanche et J.-B. Pontalis [19] l'origine dont il s'agit est bien celle du désir. Sans doute est-il vrai qu'il n'est de vie de désir possible que dans la

---

19. J. Laplanche et J.B. Pontalis, « Fantasme originaire et fantasme des origines » in *les Temps Modernes*, n° 215, p. 1833-68.

mesure où le défaut qui en constitue la clé de voûte se donne comme une pierre d'angle : pierre, tenant-lieu d'objet, qui marque l'origine, apparence concrète où le sujet prend appui entre faille et vide, entre lettre (signifiant) et réel. A chacun sa pierre, cristal rare ou brique à tout faire, sur laquelle semble se fonder la construction de son désir; elle apparaît parfois dans tel souvenir-écran ou fantasme fondamental, manifeste et cachée dans la construction, comme le fusil du chasseur distrait dans les traits d'un dessin-devinette : c'est peut-être la fleur jaune, ou plutôt la *miche de pain* au goût fabuleux, dans l'exemple *princeps* du souvenir-écran que Freud nous a livré à la fin de son auto-analyse[20]; c'est sans doute le *blanc* des linges de corps qui apparaît dans le souvenir de la scène primitive, retrouvée ou reconstruite par *l'Homme aux loups*. Mais quelle qu'elle soit, il faut comprendre clairement que ce qui fait de cette pierre la fonction « originaire » ou « angulaire », c'est son intégration, ou sa prise *après coup* dans sa structure du fantasme des origines; autrement dit, ce n'est pas parce que Sigmund Freud a été conçu un soir où quelque pain merveilleux aurait été cuit et consommé, que cette représentation, ou cette lettre (signifiant) a sa place dans le souvenir-écran, mais bien parce qu'un événement libidinal, une conjonction littérale, se sont trouvés fixés en cette représentation tenant-lieu d'objet, que la miche de pain [21] a, en quelque sorte, été récupérée par la structure du fantasme des origines pour occuper la place du « point d'origine ». Quant au fait de la fixation d'un événement libidinal, il n'importe que peu d'en reconstruire l'hypothétique déroulement, mais seulement d'en articuler la configuration littérale : on constate alors que le mot, la représentation, le « signifiant » miche de pain garde au moment où il est évoqué toute sa vivacité et sa puissance d'ouverture promise à la jouissance, jusqu'à en représenter de façon hallucinatoire l'odeur et le goût fabuleux; pareillement pour *l'Homme aux loups*, la représentation du blanc porte avec elle une irrépressible angoisse de mort. Je ne dis pas pour autant que la construction de désir, l'appareil fantasmatique,

---

20. S. Freud, *Uber Deckerinnerungen* (Sur les souvenirs écrans), G. W. I, p. 531-554.
21. Il se trouve qu'en allemand, *Laib* qui veut dire : miche, est strictement homophonique de *Leib* qui veut dire corps.

se fonde exclusivement et véritablement sur un seul terme tenant-lieu d'objet, mais seulement qu'à un moment donné du travail psychanalytique, moment qui peut, certes, se prolonger indéfiniment, un point entre autres se donne pour plus insistant, plus sensible, et, comme tel, à analyser; à analyser, c'est-à-dire à situer par son implication dans un procès d'identification, dans son rapport au réel, dans sa valeur de jouissance.

Être psychanalyste c'est être capable d'entendre les intervalles qui séparent les harmoniques du son produit, de distinguer l'ombre de son modèle comme de son support : dans l'ensemble évoqué, ne pas prendre le souvenir pour argent comptant et la miche pour du bon pain. On peut, certes, imaginer un psychanalyste épris de culture et d'érudition s'intéressant aux différentes façons de planter les choux, mais on conçoit mal qu'il puisse croire que les enfants y naissent. C'est pourtant ce qui arrive — bien malgré lui sans doute — au psychanalyste qui se trouve partie prenante dans le fantasme des origines, référant à une scène originaire le « début » de l'histoire de son patient, comme de la sienne. Répétons-le : il n'est pas question de nier la pertinence du recours à une temporalité linéaire et simplement vectorisée dans l'ordre biologique, je veux dire de concevoir sommairement que le temps se déroule uniment d'un passé à un avenir, avec des points actuels repérables en fonction d'un point de départ et d'un point d'arrivée; mais il devrait être clair, au moins pour le psychanalyste, qu'il n'est d'origine concevable que constituée après coup, et encore : sous réserve d'analyse qui en dévoile l'atemporalité, ou, plus simplement, la prise dans une structure fantasmatique.

Être psychanalyste consisterait-il alors à s'affranchir de l'emprise de toute construction fantasmatique ? On reconnaît là une image fort répandue que l'on se fait du psychanalyste : un sage des temps modernes, délivré de ses « complexes » et maître de son désir, voire même sans désir; cette image n'est évidemment qu'un contre-fantasme, du type de ceux qui prétendent perversement mettre hors jeu le désir même qu'ils sont faits pour supporter [22].

Être psychanalyste, c'est être en position, dans la cure, de rap-

---

22. Voir à ce sujet « Le bonheur considéré comme contre-fantasme, ou du désir des anges », in *Recherches et Débats*, 1970, Desclée de Brouwer « Oui au bonheur », p. 124-128.

peler le réel. On peut dire de la représentation qui, dans le fantasme, occupe la place de l'objet, qu'elle assure à sa façon une sorte d'articulation avec le réel : ainsi avions-nous repéré le cadavre en putréfaction dans l'analyse de Jérôme, et, dans celle de Philon, le deuxième regard; dans le souvenir-écran de Freud, c'est sans doute la miche de pain, et dans la scène originaire de *l'Homme aux loups* le (linge) blanc. Ce fait qu'une angoisse mortelle, qu'un ravissement fabuleux ou qu'une terreur panique soient irrépressiblement liées à chacun de ces tenant-lieu d'objet, signe l'extrême proximité du réel : mais il faut dire que le joint que ces différents termes assurent avec le réel, se présente comme remarquablement fixe; une articulation certes, mais affligée d'ankylose. Or, c'est en cette articulation précisément que le psychanalyste doit posséder la plus parfaite souplesse : pas plus qu'il ne conviendrait d'en escamoter la raideur par l'éducation d'une habileté compensatrice en un autre lieu, pas plus il ne saurait être question de la bloquer par quelque artifice, sous le prétexte qu'elle est gênante et risque d'être souvent douloureuse, nuisant par là à une bonne et confortable « adaptation » au factice d'un réel « intégré ». Ce qu'il faut, à la place de l'objet par où passe nécessairement l'articulation avec le réel, c'est une façon de cartilage (ou de cardan si l'on recourt à une image mécanique) d'une nature propre à assurer effectivement le joint entre l'ordre littéral (signifiant) d'une part, et le réel absolument hétérogène de l'autre. Ce joint, quelle qu'en soit la représentation, n'a qu'un nom : *c'est le phallus*. Du phallus, j'ai pu dire qu'il est à la fois lettre et objet [23]; contrairement aux autres objets que sont typiquement, selon Lacan, le sein, l'excrément, la vue et la voix, le phallus (pas le pénis) est lui, et lui seul, signe du manque d'objet, selon l'expression de Nasio [24] : en cela il participe éminemment du réel. Mais il est aussi, simultanément, et lui seul, symbole de la lettre; « signifiant métaphorique par excellence », écrit Nasio, symbole du signifiant conçu, selon Lacan, comme représentant le sujet pour un autre signifiant. C'est ainsi que participant éminemment du réel comme de l'ordre littéral (signifiant), il peut assurer, lui

---

23. Cf. *Psychanalyser*, p. 164.
24. Cf. p. 109.

et lui seul, la rigueur d'un partage qui maintient le tout autre (hétérogène au sens de Bataille) du côté du réel. C'est en ce partage que se fonde la thématique de la castration.

Il est absolument exigible d'un psychanalyste de savoir se tenir en prise avec la fonction phallique. Ce savoir ne se mesure pas à l'échelle des doctes, mais à la capacité, dans un travail psychanalytique, de se déprendre des représentations qui viennent, à la place de l'objet, nourrir le fantasme, ou soutenir le sujet dans sa refente. Travail interminable, car cette place, ce manque est fait pour être comblé; qu'un tenant-lieu d'objet, terme insistant de fixation et d'obturation, soit délogé de cette place ne garantit en rien qu'un autre ne tende pas, tout naturellement, à s'y installer : ainsi peut-on reconstituer, dans l'analyse de *l'Homme aux loups*, une séquence où le regard se substitue à la représentation des loups immobiles, puis le blanc au regard lui-même; à chaque fois se rouvre puis se maîtrise, tant bien que mal, le vertige de l'angoisse. Ce serait une grande naïveté de croire que le phallus, qui commande, en tout état de cause, le jeu qui se joue en cette place proximale du réel, puisse, de quelque façon, y être installé. Il faut avoir foulé chaque caillou de cette place où le sol vacille pour connaître, autrement que par savoir, en quelles forces radicales et contradictoires, on se trouve pris.

Être psychanalyste ? C'est, dans la trompeuse permanence du fauteuil, à tout instant, le devenir à nouveau.

# 2
# Un semestre à Vincennes

Ce texte rend compte d'un travail qui s'est accompli pendant le deuxième semestre de l'année 1969-1970 au Département de psychanalyse du Centre universitaire expérimental de Vincennes (Paris-VIII).

Sa publication est un hommage à tous ceux qui l'ont soutenu par leur présence, animé de leur intérêt, stimulé par leur contradiction, troublé par leurs interventions, voire saboté par leur zèle passionné.

Il témoigne aussi de ce qu'un travail psychanalytique poursuivi hors les murs des sérails peut susciter de contributions originales; si je regrette que des démarches aussi spontanées que celles de Michel et Maria Bottin, que des recherches aussi personnelles et subtiles que celles d'Anne-Marie Leclaire et de Nicolas Passaris (pour ne citer que ceux qui ont contribué activement au travail de ce semestre) n'aient pu figurer dans ce volume, je me réjouis de ce que le rigoureux travail de Juan David Nasio sur « Métaphore et phallus » se trouve, de ce fait, chargé de représenter, éminemment, les autres voix sans lesquelles pareille entreprise n'aurait pu se concevoir ni se soutenir.

## *De la castration à l'objet* [1]

### 1. Où les choses « ne s'arrangent pas »

Le thème de la castration, que j'ai choisi pour argument du travail de ce semestre, s'impose au point où nous en sommes parvenus de notre parcours. Outre l'intérêt de ce concept spécifiquement psychanalytique — intérêt dont je pense aujourd'hui vous faire sentir l'actualité par une voie quelque peu détournée —, je dois marquer tout de suite l'importance de sa dimension au niveau de la pratique. Contrairement à la référence cruciale à l'Œdipe, dont je vous ai parlé l'année dernière, et dont Lacan rappelait récemment qu'elle ne servait pas directement dans la pratique psychanalytique, la référence à la castration, elle, sert tout le temps. Et, à la limite, presque trop.

THÉMATIQUE DE LA CASTRATION

On peut dire, en une première approche, qu'il n'est pas d'ensemble — je veux dire d'ensemble de représentations —, qu'il n'est pas de rêve, de fantasme, ou, plus concrètement encore, de situations, de conjoncture, d'accident qui, soumis à l'analyse,

---

[1]. Ce texte a été établi à partir de la transcription d'un enregistrement des exposés prononcés. Le travail de recueil et de transcription a été assuré, avec autant de soin et de patience que de perspicacité psychanalytique par Michel et Maria Bottin ; qu'ils trouvent ici l'expression de ma reconnaissance.

n'appelle, dans un essai d'interprétation, la référence à la castration.

Prenons les choses au plus près, c'est-à-dire au niveau de la pratique psychanalytique. Je me dispenserai d'évoquer les références quotidiennes au terme de castration : car comme tout concept psychanalytique il fait maintenant partie de l'usage du discours mondain où il se dit couramment : « un tel est refoulé », et « celui-là semble n'avoir souci que de se châtrer ». Tant il est vrai qu'à propos de n'importe quel événement, de n'importe quelle situation, on peut toujours, et qui plus est, toujours à juste titre, faire intervenir dans une interprétation quelque chose de l'ordre de la castration.

Mais plutôt que de rassembler certains échantillons de ces interprétations de salon, je préfère énumérer quelques-uns des principaux modes de représentation de la castration en rêve, tels qu'on peut les recueillir dans la littérature ou dans la pratique psychanalytique. Dans le paragraphe 5 du chapitre VI de *l'Interprétation des rêves*[2], qui traite de la figuration par symboles en rêve, Freud ne propose sous la rubrique « castration » que deux rêves typiques, qui sont des rêves d'enfants (p. 314) : dans l'un et l'autre, c'est la représentation d'une tête coupée qui symbolise l'opération de la castration. C'est un premier mode, on pourrait dire naïf ou très direct, de représentation de la castration; une partie du corps figure le sexe et la coupure ou la séparation sont représentés sans autre déguisement; parfois même, le rêve figure directement le sexe comme la partie séparée. Mais n'importe quelle partie du corps peut faire l'affaire sans qu'elle revête l'importance capitale du « chef »; un membre, bras ou jambe, ou un doigt, comme dans l'hallucination de *l'Homme aux loups* enfant; la dent qui tombe figure aussi très communément le sexe séparé, ou encore l'oreille, coupée ou arrachée; d'une façon hautement symbolique, l'œil peut figurer richement le sexe, et la perte de la vue, l'aveuglement de l'homme, est, dans le mythe, le châtiment élu du crime incestueux. Il est inutile, je pense, d'alourdir cette énumération.

A un degré de plus de déplacement, la partie du corps détachée ou détachable peut elle-même être représentée; et d'abord par le

---

2. S. Freud, *L'Interprétation des rêves*, P.U.F. 1967.

corps tout entier, petit de préférence : le « petit », l'enfant, représente l'organe génital, ainsi que Freud le mentionne (p. 310) dans le paragraphe déjà cité de la *Traumdeutung*. Mais une pièce de vêtement, chapeau ou chaussure, un accessoire, parapluie ou stylo (voire sac à main), peuvent aussi bien faire l'affaire et servir à figurer la partie du corps détachable.

A vrai dire, il n'y a pas de limite aux déplacements ou substitutions possibles et dans la mesure où n'importe quel ensemble organisé, auto, train, texte, peut aisément figurer un corps, la roue, ou le wagon qui se détachent, le mot qui manque, sont parfaitement représentatifs d'une opération de castration. Là encore, chacun peut imaginer ou retrouver une multitude d'exemples.

La représentation peut aussi se contenter de mettre l'accent sur le fait de la coupure ou de la séparation : acte de trancher, d'inciser (chirurgien, bûcheron, etc.), ou, plus sauvagement, de mettre en morceaux; ou encore, c'est l'amovibilité d'une pièce qui est soulignée, comme dans les représentations, chères au *petit Hans*, du caractère démontable et remontable des robinets installés par le plombier.

Enfin, sur un mode qu'il faudrait qualifier de plus abstrait, la castration peut être représentée par son résultat, à savoir la perte même d'un objet précieux, la séparation d'avec une personne ou un pays. Là est particulièrement sensible l'entrée en jeu du sentiment de l'irréversibilité, acceptée ou non, mais essentielle au repérage de ce qui touche à la castration. Le rêveur est condamné à mort, il va être exécuté; ça y est, l'irréparable est consommé. Ou bien, il s'éveille, pour constater que ce n'était qu'un rêve, ou bien le rêve se poursuit : ce n'est donc que ça : il suffit de s'y faire et c'est comme si je n'étais pas mort puisque la tête se revisse ou se recolle. Cette dimension de l'irréversibilité, épreuve de vérité ou sanction capitale que le rêve s'efforce d'accommoder pour en faire « quelque chose qui s'arrange toujours », constitue la meilleure introduction possible au problème de la castration que nous avons choisi pour thème.

## LA CASTRATION, CONCEPT STRUCTURAL DE LA DIFFÉRENCE

Je voudrais, avant de développer la question de la castration proprement dite, faire apparaître l'intérêt général du problème ainsi posé. Car, comme je l'ai déjà laissé entendre au départ, ce n'est pas simplement sur le plan de la technique psychanalytique, de la pratique de la cure, voire même de la théorie, que le concept de castration a une valeur ou un intérêt : il me semble que le problème de la castration a un intérêt tout à fait actuel au niveau d'un certain état de ce que Freud aurait appelé la civilisation. S'il est un concept apporté par la psychanalyse, qui soit de nature à faire que s'interrogent aussi bien les professionnels de la pensée que tous ceux qui, le sachant ou non (c'est-à-dire tout le monde), usent de concepts, c'est bien celui de castration : du fait même qu'il ne fonctionnait pas avant l'ère psychanalytique. La castration, avant la psychanalyse, n'était qu'un concept vétérinaire ou, à la rigueur, chirurgical.

Mais avant cette digression introductive, il ne sera pas inutile de faire un rappel, que je voudrais bref, de ce à quoi nous avions abouti par l'étude du refoulement. Nous en étions arrivés à nous interroger sur la question très générale du clivage, qui se retrouvera, lorsque nous examinerons ce qu'il en est de la séparation qu'implique la castration. En effet, si le refoulement peut être conçu, à partir de Freud, comme une barrière, qui sépare l'un de l'autre du point de vue topique, le conscient et le préconscient, d'une part, l'inconscient de l'autre, on peut aussi considérer que, d'un point de vue économique, il instaure une séparation des champs où s'exerce l'activité pulsionnelle, elle-même partagée en deux grands courants, pulsions de vie et pulsions de mort.

C'est l'examen approfondi du difficile concept de pulsion de mort qui nous avait amené, en suivant Freud, à prendre en considération le phénomène essentiel de la répétition. Et là il nous avait paru nécessaire d'insister sur le fait très simple que la formalisation de la répétition met en jeu trois termes, et non pas deux. En effet, l'abord psychanalytique du fait de la répétition fait apparaître que le premier terme, $T_1$, qu'on peut intuitionner comme modèle d'un geste (flexion de l'auriculaire de la main gauche, par exemple), ne se pose comme modèle ou comme antécédent qu'après que le deuxième terme, $T_2$ (répétition du même geste), ait été fixé; appelons ce modèle, ainsi posé par rétroaction : $T_{1r}$. Tout psychanalyste connaît bien ce mécanisme de rétroaction; mais ce qu'il faut ajouter, c'est que ce $T_{1r}$, modèle du geste, posé après-coup, est lui-même différent du modèle virtuel et supposé par anticipation : $T_{1v}$, avant que le geste « répétitif » n'ait été effectué. Autrement dit, le modèle, ou terme antécédent de la répétition, ne peut se concevoir lui-même que comme « clivé », ou « démarqué ». C'est par la mise en évidence de ce démarquage que j'ai pu faire entendre que l'approche psychanalytique a, parmi toutes les autres démarches, un privilège, qui est de mettre nécessairement celui qui s'y intéresse *en prise directe avec le fait structural*. La structure est définie là — et on aura l'occasion d'y revenir — comme cet ensemble d'éléments qui se déploient autour du défaut, repéré à partir du clivage, où se rencontrent et s'affrontent les énergies pulsionnelles fondamentales.

Les distinctions que j'avais rappelées à cette occasion et qui permettent de repérer les éléments minimaux constitutifs du fait structural, ce sont : en premier lieu, *la marque*, ou *la lettre*, *et sa répétition* (ce que Lacan formalise comme signifiant $S_1$ et $S_2$) et qui se repèrent ici à la fois comme instance du répétitif *et* écart du « démarquage »; d'un autre côté, et n'entrant pas dans cette articulation littérale, ce que j'ai appelé *l'autre de la lettre*, c'est-à-dire *l'objet*, en terme lacanien le *petit a*, qui se trouve toujours rejeté par rapport à la suite des lettres; enfin, comme dernier terme, le *sujet*, $\$$ dans la terminologie lacanienne, fonction nécessaire pour qu'une articulation puisse être conçue entre deux ordres tout à fait hétérogènes : d'un côté, pourrait-on dire, le « désordre » de l'objet ou du déchet, et de l'autre, l'ordre littéral; articulation aussi entre la mi-prise de la lettre sur l'énergie pulsionnelle et la fonction de cache de l'objet par rapport au réel, ou à la radicalité de la jouissance.

On voit que, à propos de la mise en évidence du fait structural, nous avons là à prendre en considération un certain nombre de clivages ou d'écarts. Il y a d'abord la distinction ou le clivage entre $S_1$ et $S_2$, c'est-à-dire entre la lettre et sa répétition, où se trouve, de plus, inclus l'écart propre au démarquage. Il y a ensuite l'écart entre la lettre et ce qui est rejeté de l'ordre de la lettre, c'est-à-dire l'objet. Enfin la coupure ou refente constitutive du sujet.

Je signale à ce propos, qu'en un temps où le groupe du Cercle d'épistémologie s'intéressait d'une façon privilégiée aux formulations lacaniennes, J.C. Milner avait proposé de subsumer l'ensemble de ces opérations distinctives, ou clivages, sous le concept général de *fission*[3].

On verra, dans la suite de notre travail, que le concept de castration, mieux que celui de fission, peut permettre de donner à chacun de ces clivages, à chaque différence essentielle, son juste statut. Surtout, il est le concept qui convient pour marquer la radicalité de la coupure entre l'ordre de la lettre (signifiant) et l'altérité de l'objet, de même que le phallus, qui en marque le contrepoint, représente la seule articulation possible entre la lettre et le réel. A ce titre, on peut dire que le concept de castration garantit en quelque sorte le fait structural contre toute tentative de réduction ou « d'aménagement ».

TENIR COMPTE DE LA CASTRATION

Il nous faut essayer maintenant de préciser un peu de quelles façons la réalité de la castration entre en jeu dans le travail de pensée le plus quotidien. A vrai dire, comme on va le voir dans un instant, c'est, le plus souvent, sur un mode tout à fait dégradé : tout comme les représentations pulsionnelles inconscientes entrent en jeu dans l'activité consciente sur un mode réduit, pareillement les jeux des différences n'interviennent le plus souvent que comme des simulacres, dans l'activité de la pensée.

Prenons pour exemple la représentation commune de notions comme clivage, refente ou plus généralement discrimination. *Cli*-

---

3. J.C. Milner, « Le point du signifiant », in *Cahiers pour l'Analyse*, 3, p. 78.

*vage* évoque volontiers, me semble-t-il, des images géologiques ou minéralogiques, des figures de ligne, surface ou plan, autour desquelles se construit ou se reconstruit un ordre, une organisation, voire une histoire (géologique par exemple); *refente* évoque plus précisément une opération de séparation, passant par un clivage déjà existant. *Discrimination*, c'est l'instauration ou l'utilisation de distinctions dont il semble bien que — quel que soit le champ où elle s'opère, de la couleur de la peau à des différences génétiques, de la délimitation de zones géographiques à la détermination d'un domaine scientifique — le procès puisse être indéfiniment renouvelé, tout comme la bipartition d'un fragment géométrique de droite. C'est là qu'apparaît le caractère dégradé, voire arbitraire, de l'usage commun des opérations distinctives. Elles semblent n'avoir pour fonction que d'ordonner d'une façon qui se voudrait neuve ce qui est déjà ordonné selon le même principe, que de découper autrement ce qui l'est déjà. Rien, si ce n'est la dominance d'une idéologie, qui tient lieu, dérisoirement de nécessité, ne les impose. Elles font irrésistiblement penser à ces manœuvres de redistribution et d'embrouille en quoi consiste le fait de battre un jeu de cartes puis de le « couper » avant la donne. D'une façon plus générale, disons que les opérations distinctives n'opèrent qu'un simulacre de clivage au sein d'un ordre qui se voudrait immuable; une série indéfinie de discriminations et de mises en place hiérarchiques caractérise alors le progrès de l'organisation « civilisatrice ». Comme l'entomologiste, on répertorie, on classe, on range mieux, on « découvre » même des lois, activité noble s'il en est... à condition de savoir ce qu'on fait! Car au fond, de quoi s'agit-il en vérité, et en quoi consiste ce processus dans lequel nous nous trouvons pris, que nous le sachions ou non, et auquel nous participons, que nous le voulions ou ne le voulions pas? C'est ce que je vais tenter d'éclairer quelque peu.

Or, justement, l'un des faits que l'approche psychanalytique met en valeur, c'est que la possibilité même de l'opération distinctive ne se fonde en vérité que sur une différence, celle du sexe, sur un type de clivage, celui de la castration. Je m'explique : ce que la coupure de la castration met en jeu c'est l'irréversible cassure qui existe entre l'articulation littérale et l'objet. L'objet, et j'aurai l'occasion d'en parler très longuement, est tout à fait hérérogène à l'ordre littéral, et la seule façon par laquelle nous pouvons évoquer ce non-rapport qui le sépare de la lettre est d'invoquer la position irrémédiablement déjetée, perdue, qui est la sienne, donc parfaitement irrécupérable. On voit que cette séparation radicale entre l'objet et la lettre est bien différente du procès de discrimination tel qu'il a cours communément; la distinction opérée entre la couche calcaire et la couche volcanique d'un terrain déterminé, se retrouve sur un sol commun, c'est le cas de le dire, qui est celui du mode de constitution des roches, et la distinction intervient dans le cadre homogène de la géologie, même si elle fait apparaître une certaine hétérogénéité relative du terrain considéré! Il en va de même des distinctions mises en jeu dans tout autre champ scientifique. Il n'en reste pas moins que la possibilité d'établir une distinction, si remarquable soit-elle, et je pense, par exemple, à l'isolement de telle nucléo-protéine, n'est possible que dans la mesure où l'absolue hétérogénéité est (implicitement ou explicitement) reconnue pour existante : or, elle ne se repère qu'au niveau de la castration, c'est-à-dire de la thématisation de la perte de l'objet par rapport (ou non-rapport) à l'ensemble littéral. Au reste, tout ce que j'essaie de faire entendre par le travail que je poursuis sur les hypothèses et concepts fondamentaux de la psychanalyse souligne à tout propos cette sorte d'asymétrie fondamentale que G. Bataille a si parfaitement résumée dans les catégories d'homogène et d'hétérogène, jusqu'à promouvoir la science de l'hétérologie; asymétrie que j'ai, pour ma part, et en suivant Lacan, mise en valeur aussi bien à propos de l'hétéronomie de l'inconscient et du conscient que de l'antinomie foncière des pulsions de mort et des pulsions de vie. La castration est bien la prise en considération, sans détour et sans compromis, de l'irrationnel par excellence qu'est l'objet *a*.

Mais il faut ajouter, et ce n'est pas le moins important, que le mouvement le plus naturel ou le plus spontané risquera toujours d'atténuer, de voiler, de masquer, voire même de dénier, en faisant mine de la réduire, cette hétérogénéité fondamentale, dont pourtant n'importe quelle analyse fait apparaître l'évidence. Tout comme l'activité consciente se fonde sur le refoulement du fait inconscient, tout comme les grandes entreprises où se déploie l'énergie pulsionnelle de vie se fondent sur une vigoureuse mise à l'écart des pulsions de mort, pareillement l'intense activité cogitative aussi bien que pratique, où le distinguo règne en maître, ne vise en fait qu'à assurer, par d'admirables simulacres de clivage, l'étouffement, ou tout au moins la relégation en un non-lieu rusé, de l'inconfortable réalité de la castration. La plus commune pratique de l'état de veille ne fait donc pas autre chose que le rêve, où l'exécution capitale rentre dans la catégorie des « choses qui s'arrangent toujours ». C'est un des aspects du refoulement, et non le moindre, que d'accommoder ainsi les exigences fondamentales. En tout état de cause, ce parti pris en faveur de ce qui est du côté des forces refoulantes (répressives?), est simplement un mauvais calcul, dans la mesure où la solidité que l'on prétend ainsi honorer, par le culte rendu à la conscience, l'ordre, ou même la « raison », n'est qu'une vaine tentative de conjuration ou de dénégation du dé(s)ordre qu'implique l'espace de la jouissance.

C'est pourquoi l'étude du concept psychanalytique de castration ne peut que concerner de la façon la plus immédiate tous ceux qui ont épuisé les divertissements de cette pratique du « n'importe quoi » qu'instaure l'usage des simulacres de clivage, et qu'intéressent de ce fait les possibilités d'un juste calcul.

## 2. Le corps dont « la petite chose » peut être séparée

Dans le cours précédent, j'ai essayé de montrer quel était l'intérêt général du problème de la castration et précisément en quoi la mise en jeu de tout procès de discrimination ne prenait de sens, ne pouvait prétendre à quelque efficacité, que dans la mesure où l'on reconnaissait le clivage essentiel, sur quoi se fondait toute autre distinction possible : celui de l'objet d'avec l'articulation littérale, thématisée comme castration.

On peut considérer que, ce faisant, je m'étais quelque peu éloigné de la stricte acception psychanalytique du concept de castration et, qu'à ma façon, j'étais tombé dans le travers, que Freud dénonçait déjà en 1923, d'une extension inconsidérée de la notion de castration. Il est vrai que l'importance du concept y pousse; et c'était précisément l'importance cruciale de la castration que je voulais faire apparaître.

Mais nous allons revenir à des considérations plus strictement psychanalytiques. Freud écrit donc, en 1923, dans une note [4] ajoutée au compte rendu de l'analyse du *petit Hans* que, « tout en reconnaissant l'existence de toutes les racines du complexe de castration (à savoir : la naissance — séparation d'avec le corps de la mère —; le sevrage — perte d'une partie du corps maternel —; enfin la perte régulière des fèces), il considère qu'il convient de restreindre le terme de complexe de castration aux excitations et effets en relation avec la perte du pénis. » Au reste la définition la plus riche du concept de castration se trouve dans le texte de *l'Homme aux loups* : « Les fèces, l'enfant, le pénis, constituent ainsi une unité, un concept inconscient — *sit venia verbo* —, le concept d'une petite chose pouvant être détachée du corps.[5] » Il me semble que chaque terme de cette définition mérite un commentaire et

---

4. S. Freud, « Analyse d'une phobie chez un petit garçon de cinq ans », in *Cinq psychanalyses*, P.U.F., p. 95, G.W. VII, 116.
5. Ibid., « Extrait de l'histoire d'une névrose infantile », in *Cinq psychanalyses*, P.U.F., p. 389, G.W. XII, 116.

c'est ce travail qui devrait, je pense, nous occuper pendant quelques semaines ; qu'il s'agisse du « concept d'une petite chose » (*das Kleine*), par lequel nous serons amené à faire le point sur le concept psychanalytique d'objet, qu'il s'agisse de la séparation elle-même, dont à vrai dire nous avons déjà parlé à propos du clivage, ou qu'il s'agisse *du corps dont la « petite chose » peut être séparée*. C'est ce dernier qui va nous occuper aujourd'hui.


L'étude de la castration nous contraint, on ne saurait s'en étonner, à considérer ce qu'on tend souvent à escamoter, à savoir la question du corps. Car la castration (et Freud a bien soin de le rappeler) ce n'est pas dans son abstraction ou sa généralité une séparation ou un clivage, c'est la séparation d'une petite chose d'avec le corps.

Mais quel corps ? Qu'en est-il du corps dont cette fameuse petite chose peut être séparée ? A première vue, c'est très simple et c'est sans doute de là que vient toute la difficulté ; car si on vous interroge à brûle-pourpoint sur ce qu'est le corps, il semble que personne ne soit en difficulté pour répondre. C'est-à-dire que chacun se fait une idée de ce que c'est. C'est tout simple, justement : ça se voit, ça se touche, c'est concret.

Et puis chacun sait plus ou moins comment un corps est fait et comment il fonctionne. Il n'est pas nécessaire d'avoir suivi des études de médecine ; l'anatomie et la physiologie que l'on apprend à l'école suffisent en général à une mise en place approximative, qui vaut bien celle des médecins de Molière. Et il y a la curiosité que chacun porte à son corps, qui fait que si tout le monde ne sait pas très bien comment fonctionne un moteur à explosion, tout le monde a une certaine idée de la façon dont un corps est agencé.

Évidemment, pour ceux qui sont plus curieux ou deviennent plus savants, les détails du fonctionnement se précisent. Ils ne considèrent pas seulement le déploiement du tractus digestif, s'intéressent au processus même de la digestion, c'est-à-dire aux processus chimiques qui font que les aliments ingérés sont ensuite digérés, puis assimilés et rejetés. A la limite, au niveau même de l'assimilation ou de la constitution des tissus, l'intérêt se porte sur le plus intime des processus, qui se situe au niveau bio-chimique.

A vrai dire, le degré de savoir ne change pas grand-chose à l'affaire. Pour tous, le fonctionnement du corps porte un nom, ça s'appelle : vivre. Mais justement, c'est à partir de ce mot, *la vie*, que quelque trouble s'introduit. Parce qu'immédiatement, dès qu'il est prononcé, l'horizon de la mort apparaît; on a beau tenter de la concevoir comme un arrêt de fonctionnement de la machine, une dimension de déplaisir ou d'angoisse est introduite dans ce qui se présentait au départ comme tout simple. A la première réflexion, *ce lieu le plus familier devient étrange* : le mystère de la vie ou l'horreur de la mort sont invoqués. Il s'en faut d'un rien pour que le corps soit virtuellement déshabité : ce n'est plus qu'une carcasse, une viande, une dépouille par anticipation; et laissant aux anatomistes des amphithéâtres le soin de s'en occuper, on ne s'intéresse plus qu'à quelqu'autre instance, du style animiste, vitaliste, spiritualiste; ou plus scientifiquement, une instance relevant d'une formation sociologique, voire encore et surtout, relevant de la nouvelle bonne à tout faire de notre civilisation : la psyché. C'est comme si l'« inquiétante étrangeté » de notre lieu le plus familier appelait d'urgence la mise en place d'un *autre lieu*, par tous ou par un groupe au moins reconnu et garanti, et qu'on appelle l'âme, le principe vital, l'esprit, la cellule ou le corps social, ou mieux encore, ce compendium moderne de tous ces lieux : la vie psychique.

Ce que je viens de tracer sur ce mode naïf, n'est qu'un des chemins qui mène à cette étrange évidence que ce lieu tout simple du corps, image même de l'unité ou de la totalité, est un double lieu; mieux, est *le lieu du double*. Je pense qu'il n'est pas nécessaire d'en dire plus pour convaincre de la pertinence de cette formule : encore, bien sûr, ne ferai-je pas autre chose aujourd'hui.

Déjà l'an passé, au cours d'une autre tentative pour parler du corps, j'avais évoqué cette image du double, par la forme inquiétante de l'ectoplasme; peu de temps après, le téléphone sonna dans la nuit et j'entendis une voix qui se voulait neutre, répéter uniformément : « Il n'y a plus d'ectoplasme au numéro que vous avez demandé. » Quelle dénégation, ou au contraire quelle façon de reconnaissance du double m'était-elle renvoyée sur le mode d'un trait d'esprit ? Ou encore, que veut dire le patient réputé schizophrène dont on m'a rapporté le dire : il est dans un état d'asomatognosie, c'est-à-dire qu'il se trouve dans un état où il ne sent pas son corps ; et de dire au médecin qui l'interroge : « Mais ce corps que je ne sens plus, ce n'est pas celui dont la médecine s'occupe ». Et c'est un « analysant », fort avancé, dans le travail psychanalytique, qui formule en quelque sorte la réponse (j'espère qu'il voudra bien m'excuser de mon indiscrétion) : il s'étonne rétrospectivement de la difficulté qui avait été la sienne, au cours d'une séance matinale en début d'analyse, « d'avouer » qu'il avait faim, reconnaissant aussitôt le caractère libidinal et non pas physiologique de cette faim, et il résume : « Ce n'est pas du même corps qu'il s'agit. »

« Cet autre corps », entendez autre par rapport au corps anatomo-physiologique, c'est le *corps de plaisir*, c'est-à-dire l'ensemble des lieux où peut se produire du plaisir ; comme on sait, depuis Freud, que n'importe quel point du corps (du corps anatomo-physiologique) peut être le lieu d'une excitation de type sexuel, on peut s'apercevoir dès maintenant que le « corps de plaisir » correspond point par point au corps organique.

Je pense qu'il faut ici, une fois de plus, nous arrêter sur la question du plaisir. C'est très difficile : il y a quelque chose comme une difficulté intrinsèque à parler du plaisir, qui doit tenir, pour une première approche, à une sorte de relation d'exclusion entre le fait discursif et le fait du plaisir.

Freud s'est naturellement interrogé sur la question du plaisir, dont l'importance dans la théorie psychanalytique est évidente ; mais ce fut surtout pour constater qu'on n'en savait pas grand-chose. Au reste, il s'en est toujours tenu, pour rendre compte du fait du plaisir, à l'emploi de ce que j'ai appelé la métaphore énergétique : le corps y est considéré comme un appareil fonctionnant selon les principes de la thermo-dynamique, tendant toujours à établir un niveau de tension interne aussi bas que possible. Les forces en jeu dans la machine sont, bien entendu, les énergies pulsionnelles ; elles sont produites par différentes sortes d'excitations, internes essentiellement, mais aussi, indirectement externes. Schématiquement, ces excitations augmentent le degré des tensions inhérentes à l'appareil, dont la fonction est précisément de les réduire, ou de les maintenir à un niveau constant, le plus bas possible. Ce sont alors les opérations de décharge qui produisent le phénomène du plaisir; de même qu'inversement, et d'une façon très schématique, Freud le reconnaît, les augmentations de tension produiraient du déplaisir.

Cette métaphore d'un corps conçu sur le modèle d'une machine thermo-dynamique à visée homéostatique, est évidemment insuffisante; et, qui plus est, elle se prête à des utilisations simplistes et abusives. Il m'a semblé que[6], pour sortir de la relative impasse de cette métaphore énergétique, fascinante par sa simplicité, il suffisait de déplacer l'accent de la notion de tension vers celle de différence; et l'impasse de disparaître : le fait du plaisir relève alors d'un jeu de différences, et non plus d'un système de charges.

Mais faisons un pas de plus; il me semble que le terme de différence, d'un usage aujourd'hui fort répandu, ne suffit pas à rendre compte de la spécificité du fait du plaisir tel qu'il survient en ce double lieu qu'est le corps. Descriptivement, le terme de *rupture* convient pour marquer ce hiatus en quoi consiste le hors-temps du plaisir. Ainsi, dans la suite continue des sensations recueillies par l'ensemble des organes des sens et qui sont, pour ainsi dire, plus ou moins régulièrement intégrées, comme participant d'un ordre homogène à la suite parallèle, encore que moins articulée, des sensations cœnesthésiques, c'est comme un autre ordre d'éprouvé qui s'impose, et pour lequel aucun des termes descriptifs des sensations habituelles ne convient vraiment, sinon comme une pauvre image : sensation, frisson, « émoi » qu'accompagnent le plus souvent le qualificatif d'indéfinissable. Focalement, en réponse au contact plus ou moins immédiat du corps d'un autre, c'est en un point précis du corps, une lèvre ou la langue, un effet « indéfinissable » qui s'ancre, se fixe, diffuse jusqu'à faire s'évanouir tout le cortège du repérage sensoriel le plus habituel. Ce que je veux marquer avec ce terme de rupture est encore bien plus suggestif si l'on considère le hors-mesure du phénomène de la douleur (déplaisir extrême et vif, corrélat inévitable du « plaisir »), souvent — je parle de la douleur physique la plus concrète —, c'est bien le fait

---

6. Voir plus loin, « Duroc ou le point de vue économique en psychanalyse ».

d'une effraction des téguments qui en est la cause; si les termes du registre sensoriel ordinaire, tels que coupure, brûlure, pincement, torsion, décrivent alors correctement le temps premier de l'effraction « traumatique », ils deviennent tout à fait insuffisants pour rendre compte de la douleur proprement dite, dont l'irradiation et la diffusion ne connaissent aucune limite, même pas verbale : le cri, à nouveau, supplante le mot.

Mais, laissons de côté le trop facile exemple de l'expérience d'une douleur « traumatique » ou non, pour considérer un instant avec quelque détail, un plaisir commun, celui de fumer. J'entends bien qu'il ne s'agit là que d'un plaisir substitutif par rapport à d'autres, plus directement sexuels, que j'évoquais à l'instant avec les jeux de langue; mais qu'importe, puisque aussi bien l'investigation psychanalytique nous montre avec évidence que tout plaisir, si directement sexuel soit-il, est toujours substitutif et qu'il n'est fondamentalement que la mise en jeu du souvenir d'une satisfaction. La première bouffée du cigare qu'on allume est, sinon la meilleure, tout au moins la promesse (ou déjà le souvenir) d'une autre, presque exquise; ce n'est pas vraiment la reconnaissance du goût ou de l'odeur de la feuille de tabac, capiteuse comme le « Havane », ou corsée comme le « Brésil », mais plutôt ce jeu par lequel on ne cesse d'approcher, de cerner, de retrouver sans le saisir jamais le « *subtil arôme* » de la feuille, c'est ce jeu autour d'un insaisissable objet qui fait véritablement le plaisir. Ce ne sont point le goût sucré, la sensation âpre, l'odeur verte qui, en eux-mêmes, déclanchent le phénomène de plaisir; mais ce petit vertige qui naît du *pas tout à fait pareil* où se reconnaît le *même* tabac. C'est par le jeu de ces petits écarts qui font un ensemble insaisissable par rapport au souvenir ou à l'attente, que se produit dans le cours continu des sensations repérables (je dirais presque reproductibles à volonté) une rupture, ou simplement quelque chose qui n'entre pas dans le système des coordonnées proprement sensorielles. La rupture du plaisir, c'est ça; et, si discrète soit-elle dans tel exemple, elle n'en est pas moins, par nature, sans limite : rien ne la sépare en fait des grandes « extases » amoureuses.

Il m'a suffi d'analyser un exemple de plaisir bien anodin, celui de fumer, pour vous faire entrevoir, où je veux aujourd'hui en venir. A quoi ? A cette constatation que le plaisir relève d'un effet de rupture et que, en tant que tel, il tend à produire une dissolution de l'ordre organique... La sagesse coutumière enseigne d'ailleurs qu'il faut s'y adonner avec... la plus grande modération! Mais n'allons pas trop vite. Ce que je veux dire, c'est que, par rapport aux fonctions des organes qui entrent en jeu dans le plaisir de fumer — goût, olfaction, respiration — rien ne met en jeu une finalité biologique. Si l'on considère, selon une perspective biologique, que l'odorat doit permettre un repérage dans le registre des odeurs, réalisant un tri, une orientation, éventuellement une reconnaissance ; que le goût pareillement doit servir à distinguer tel champignon vénéneux de tel autre, comestible estimable, ou plus simplement encore à favoriser, tout comme l'odorat, la sécrétion des sucs digestifs; si l'on considère enfin que la respiration (et je pense à ceux qui avalent, c'est-à-dire inhalent la fumée) participe des processus vitaux essentiels de l'oxygénation et du rejet du gaz carbonique, on constate cette évidence que de fumer *ne sert à rien*. Si ce n'est peut-être à produire physiologiquement, pour certains, une excitation corticale. Mais mise à part cette action stimulante, fumer ne sert à rien, *si ce n'est au plaisir*, précisément. L'exemple eût été encore plus démonstratif si l'on avait considéré le plaisir de boire, dans lequel les nécessités vitales de la nutrition ou de l'hydratation n'entrent guère en jeu. Bien au contraire; boire aussi bien que fumer n'entraînent, du seul point de vue physiologique, que des risques graves, parfois vitaux : cirrhose, polynévrites, cancer du poumon ! Bref, on retrouve une fois de plus en ce point ce qui se dit très communément des plaisirs, à savoir « que ce n'est pas bon pour la santé ». De là, à penser que ce qui est réputé « mauvais pour la santé » est mauvais en soi, voire peccamineux, il n'y a évidemment qu'un pas, qu'on ne se prive pas de franchir, et tout rentre dans l'ordre : l'usage — immodéré, bien sûr, c'est-à-dire l'usage tout court — des plaisirs est amoral, asocial, etc. Buveurs, baiseurs, fumeurs, drogués, se trouvent rassemblés dans la même condamnation infamante ou compassion bienveillante (mais armée) par les défenseurs de tout poil de la « bonne » santé, physique... et morale bien entendu. « L'alcool tue lentement », affirmait un slogan publicitaire de la ligue antialcoolique; à quoi des psychiatres (qui n'ont pas nécessairement une âme de flic) répondaient : « Nous, on s'en fout, on n'est pas pressés. »

Mais, pour en revenir maintenant à notre question liminaire, sur la nature de ce corps dont la petite chose se sépare pour réaliser l'opération de la castration, il faut bien constater que, dans la mesure où il est aussi, sur le mode que nous venons de décrire, le lieu du plaisir, le corps est bien le champ où s'affrontent des visées aussi inconciliables que la réalisation du plaisir et le maintien de la vie.

Inconciliables : le plaisir, comme effet de rupture, ne trouve aucune place dans la visée de cohérence de l'ordre organique; et dans la mesure où il se produit quand même, tout se passe comme s'il tendait en fait à la dissolution de l'ordre organique.

Le corps est vraiment ce double lieu ou ce lieu du double, ce champ où l'ordre se démontre conflictuel.

D'un côté, la stricte hiérarchie, la parfaite organisation de l'ordre biologique, si satisfaisant pour l'esprit et pour les « chercheurs », et que la morale des fables ne peut manquer de donner en exemple : chaque partie du corps, chaque lieu de la surface, interne ou externe, chaque cellule, chaque molécule, a une place et une fonction, et participe à l'harmonieux concert où s'épanouit « la vie »; le désordre, comme dans n'importe quelle machine, provient de la défaillance ou de l'altération d'une pièce; la science médicale est là pour la repérer et, « dans la mesure » de ses moyens, la réparer ou y pallier.

D'un autre côté, chacun des mêmes lieux, « n'importe quel point du corps », peut devenir le lieu d'une excitation de type sexuel, est virtuellement une « zone érogène ». Et chacune de ces zones, n'a qu'une fonction toujours la même : de produire du plaisir par l'effet de rupture qui s'y manifeste; la somme des « petits écarts » qui marquent que rien ne colle par rapport au souvenir, à l'oubli, à la promesse de l'attente, que rien ne coïncide avec des repérages de l'ordre organique — la somme de ces écarts constitue la rupture où se produit le plaisir. De ce côté, pas d'autre ordre qu'une équivalence de fonctions : assurer, en n'importe quel point du corps, la possibilité d'une rupture, qui s'inscrit du côté de la stricte hiérarchie organique comme une tentative de dissolution, une menace de ruine.

Tel est *le corps : un ensemble de lieux où l'ordre se démontre conflictuel*. *Le lieu* s'y révèle pour ce qu'il est, *la rencontre ou la coïncidence de forces antinomiques*, et l'on conçoit facilement que par rapport à cette conception rigoureuse du lieu, la représentation d'une surface (fût-elle considérée d'emblée comme double face) sur laquelle viendraient s'inscrire ou s'ordonner points et figures, ne constitue qu'un compromis propre à flatter les exercices de l'intuition.

L'ordre, pareillement, se démontre, par le corps, n'être que la « prise de mesure » de la dimension de l'inconciliable entre ces deux faces, qui visent, selon Freud, l'une à réaliser toujours de plus grandes unités (pulsions de vie), l'autre à rétablir l'état inorganique primordial (pulsion de mort). Il est clair que tous ceux qui, dans quelque domaine que ce soit, font profession d'assurer l'ordre des choses, voire de l'instaurer, ou même de le découvrir, ont très généralement la prudence, pour ne pas dire la faiblesse, de ne considérer qu'une seule des forces qui peut l'assurer : l'impérialiste pulsion de vie.

C'est à partir du corps ainsi conçu comme ensemble de lieux où l'ordre se démontre conflictuel, que nous allons avoir à préciser le statut de la petite chose qui s'en sépare pour marquer la coupure de la castration.

## 3. La mi-prise de la lettre [7]

Nous avions décrit l'expérience de plaisir comme un phénomène de rupture intervenant dans la cohérence des repérages organiques : la sommation de petits écarts entre la perception, le souvenir et l'attente, produit cet effet d'annulation d'un ordre, effet qui s'avère illimité en sa nature. J'ajoute seulement que c'est l'acmé de la diffusion ou de l'intensité de cette rupture qui se scande par un phénomène physiologique : l'orgasme. « L'excitation de type sexuel » que Freud invoque pour caractériser la possible fonction érogène de n'importe quel point du corps, est très précisément ce que j'ai tenté de décrire. Mais l'exemple développé, celui du « plaisir de fumer », se situe, par rapport au registre sexuel proprement dit, sur des voies particulières, autoérotiques ou perverses. Aussi bien pensai-je qu'il serait préférable, pour éviter des confusions possibles, que je m'arrête un peu sur l'analyse d'un plaisir de bouche purement sexuel.

Dès que le corps de l'autre, ou l'autre corps, intervient, le jeu des écarts que je décrivais se trouve comme magnifié. Ce n'est évidemment plus seulement l'écart entre la perception d'une couleur rose lilas, le contact d'une cannelure ou même d'une très douce rugosité, et ce qui est oublié, pas retrouvé, ou encore attendu, d'impressions pourtant si précises; c'est encore et surtout, l'insaisissable précision du concret de l'autre : à qui des deux cette langue, cette lèvre, et d'où surgit donc la barrière entr'ouverte des dents ? C'est aussi l'ordre singulier secret et physiologiquement aberrant, qui fait que le bord reculé de la langue pour l'un semble rejoindre la nuque, et que pour l'autre la commissure des lèvres se répercute électivement derrière l'oreille, ou même dans le creux du bras. Ce sont, donc, non seulement ces écarts puncti-

---

7. Ce cours ayant été consacré en partie à la reprise de thèmes déjà exposés sur le corps et le fait du plaisir, nous n'en reprenons ici que les fragments apportant quelques éléments de précision sur le thème de la lettre dans ses rapports avec la jouissance.

formes entre la perception repérable d'une couleur et le souvenir qu'elle évoque confusément chez l'un, l'insaisissable du goût que perçoit l'autre, ce sont non seulement ces connexions secrètes de chacun qui entrent en jeu, mais aussi, ou déjà, au niveau de ce contact très concret, la dissolution de l'ordre psychologique, de l'unité de la conscience d'un tu et d'un je : ce sont tous ces écarts, ces aberrations, ces *ruptures*, qui font le jeu de l'amour et le lieu du plaisir auquel il n'est point de partie du corps qui ne puisse participer.

Il nous faudrait maintenant faire un pas de plus, et, sans perdre de vue la visée de notre travail — la castration —, tenter d'élucider un autre point que met en jeu notre repérage du plaisir comme effet de rupture.

Plus d'une fois, en d'autres occasions déjà, j'ai invoqué la dimension de la *mémoire*, et on peut remarquer que, dans les différents exemples développés, c'est entre un souvenir (plus ou moins inaccessible) et l'immédiateté très précise (et repérable) de la perception, que s'ouvre l'écart où se produit le plaisir. Ce souvenir, il y a tout lieu de le penser, doit être une expérience de satisfaction ressemblant de très près à l'expérience de plaisir considérée : le plaisir de boire ne peut se concevoir, dans la perspective psychanalytique, que par la mise en jeu d'un souvenir qui est précisément celui de la satisfaction de boire. Si l'on veut bien ne pas entrer dans la perspective fantasmatique, que j'ai maintes fois signalée, et qui consiste à imaginer, « à l'origine » un premier quelque chose (plaisir, apaisement, traumatisme), la question posée est celle du mode d'inscription d'une rupture, c'est-à-dire de l'enregistrement d'une expérience de plaisir.

Il semble que les notions d'inscription, d'enregistrement, imposent presque irrésistiblement, pour tout un chacun, des images de lieux sur lesquels se marquerait la trace : une pierre, une feuille de papier, un livre (un « registre »). Mais si l'on veut bien considérer, comme nous l'avons proposé la dernière fois, que le « lieu », en toute rigueur, n'est que la rencontre de forces antinomiques, et que le *corps* ne peut pas être conçu autrement que comme un ensemble de « lieux », il apparaît vite qu'aucun substrat ne peut légitimement être invoqué sur lequel viendrait se figurer, comme sur une surface meuble, la trace de l'expérience de plaisir. L'idée même d'inscription se trouve par là tout à fait subvertie et il nous faut reconsidérer, à partir de ces données, la notion de trace.

Dans le travail psychanalytique, c'est la « trace mnésique inconsciente », ainsi que la nomme Freud, qui s'impose; ce que nous pouvons en dire de plus sûr, c'est qu'elle fonctionne comme quelque chose d'indélébile, d'ineffaçable. Mais l'important en ce point est de ne pas réintroduire, à la faveur de l'expression « trace ineffaçable », la notion de substrat et l'image d'une figure tracée dans le roc. Il convient de s'en tenir à ce que le concept de trace mnésique met en valeur, à savoir le fait que quelque chose qui se rapporte à une expérience de plaisir, fonctionne comme un référent dont rien ne peut annuler la prévalence. Ce qu'on appelle souvenir d'une expérience de plaisir n'est rien d'autre (ni plus, ni moins) que ce référent grâce auquel l'écart peut se produire et le plaisir se renouveler. C'est ce qui permet que le contact si précis de la cannelure des incisives ne se fige pas dans un simple relevé anatomique des arcades dentaires, mais s'ouvre sur le plaisir, en *référence*, justement à une « trace mnésique inconsciente », que celle-ci soit reléguée dans le passé comme souvenir à retrouver ou qu'elle soit projetée dans l'avenir comme objectif à atteindre.

*C'est cette trace que j'appelle une* LETTRE.

Tout le problème posé par la lettre, problème sur lequel il serait bon que nous nous arrêtions un instant, peut se résumer dans le contraste entre l'équivalence des fonctions de chaque lettre, fonctions en elles-mêmes contradictoires, et la singularité qui pourtant caractérise la lettre.

Ce que je veux dire en parlant de l'équivalence des fonctions, concerne le rapport de la lettre à l'effet de rupture : d'une part, elle est un terme nécessaire, le référent précisément par rapport auquel l'écart se produit; mais d'autre part, chaque lettre remplit cette fonction de référent du fait même de sa qualité de « trace » (mnésique inconsciente), c'est-à-dire d'index d'une *autre* rupture virtuelle, je veux dire : non actuelle. On voit que ce rapport de la lettre à l'effet de rupture est au moins double sinon contradictoire, puisque d'un côté, comme référent, la lettre permet que s'ouvre l'écart du plaisir, mais que, de l'autre côté, en tant qu'index d'une autre rupture, elle se donne pour le terme qui a fixé et clos en quelque sorte l'opération d'ouverture. Fonction ambiguë donc, d'ouverture et de fermeture, que toute lettre assure simultanément.

Mais le plus vif du problème posé par la lettre ne réside pas à mon sens dans l'ambiguïté de cette fonction simultanée d'ouverture et de fermeture par rapport à la dimension de la jouissance, il réside dans le contraste entre le fait que *n'importe quelle* lettre assure ces mêmes fonctions (de représenter le sujet — de l'inconscient — pour une autre, selon la formule de Lacan [8]) et le fait qu'en même temps chaque lettre se caractérise par sa *singularité*. C'est du coté obturant de la fonction littérale qu'il faut chercher ce qui fait sa spécificité : j'entends par là que ce n'est pas n'importe quelle rupture qui est fixée par telle lettre, et ce n'est pas n'importe quel référent qui est mis en jeu dans telle expérience de plaisir. Pour recourir au même exemple du baiser, et précisément au contact d'une langue avec les incisives, la « trace mnésique inconsciente » réactivée par ce jeu est elle-même électivement liée à (ou mieux, liante d') un plaisir de bouche, que l'on peut se représenter comme le contact de la langue avec les reliefs du téton ; et pour en rester à ce plan descriptif, on peut imaginer que ce qui se fixe dans (ou que fixe) l'instant de plaisir, c'est quelque chose comme la frange du geste, mouvement de succion ou ébauche d'articulation, une dentale par exemple : D. C'est elle que le baiser « réactive » ; et si l'on imagine qu'il devient lui-même « premier » — et quel geste d'amour ne l'est pas ? —, il se fixera à son tour comme référent d'une jouissance perdue ou promise, dans un A inaugural ouvert, entre le cri et l'articulation. Pour chacun se construit ainsi, avec les lettres de tous et la monotone équivalence de leur fonction ambiguë, l'alphabet singulier de son désir et le code de son plaisir.

Voilà qui doit nous permettre de préciser encore ce que nous avons dit du corps d'une façon générale, en le définissant comme

---

8. « Le signifiant est ce qui représente le sujet pour un autre signifiant. »

un ensemble de lieux où tout ordre se démontre radicalement conflictuel : dans sa singularité, il se caractérise donc comme un recueil de lettres, une sorte de livre, fermé d'un côté et figé dans la stricte hiérarchie de son ordre organique, ouvert de l'autre au plaisir d'une lecture de la jouissance.

C'est par rapport à ce corps, et très précisément au réseau des lettres qu'il va falloir situer l'opération de la castration.

Je voudrais avant de conclure cette esquisse d'une étude de la fonction de la lettre, et aussi avant d'aborder le très difficile problème posé par le concept psychanalytique d'objet (concept lacanien d'objet *a*), m'arrêter encore sur deux points.

Le premier concerne ce qu'on a appelé l'*écrit*. Comme je le remarquais tout à l'heure, c'est un mot qui évoque irrésistiblement pour nous la trace laissée par la plume sur la surface de papier. La question est ici de savoir ce que ce type d'écrit représente par rapport à ce que la psychanalyse fait apparaître comme écrit, à savoir la trace mnésique inconsciente, dont le recueil constitue l'inconscient à proprement parler. Nous en avons dit suffisamment sur le statut de cette écriture donnée à lire au psychanalyste, pour pouvoir, en quelques mots, situer les données d'un problème.

A propos de l'inscription et de la trace, je remarquais tout à l'heure que c'était une sorte de renversement qu'il fallait opérer pour concevoir correctement ce qu'il en est de l'écrit dans l'inconscient. Je préciserai maintenant ma pensée en remarquant que les lettres et leur système constituent, par elles-mêmes, ce que j'ai appelé un lieu, en l'occurrence l'inconscient, étant entendu que lieu est ici à prendre en toute rigueur, comme rencontre de forces antinomiques ; on peut alors facilement concevoir qu'un ensemble de lettres, dont on sait pour chacune l'ambiguïté fonctionnelle (comme deux versants l'un d'ouverture, l'autre de fermeture), constitue un réseau à deux faces qui serait vraiment le modèle d'une *surface*. C'est ici que s'opère le renversement, dans la mesure où *c'est le réseau de lettres qui va constituer lui-même le « substrat »*. Il ne fait pas de doute, à mon sens, qu'on ne pourra traiter correctement des problèmes de l'écriture qu'une fois qu'on aura pris en considération le modèle de toute surface que met nécessairement en jeu l'activité d'écrire [9]. Et, pour faire bref, à partir de cette conception qui s'offre évidemment à la métaphore, je dirai que l'opération d'écriture, au sens commun du terme, consiste vraisemblablement en une sorte de travail de « grattage » qui tendrait, sans y réussir jamais, à décaper en partie ce qui se donne pour une surface, afin d'en faire réapparaître la trame, qui est l'écrit proprement dit : *le corpus inconscient*. D'un autre point de vue, d'interprétation de l'activité d'écrire, il suffit de considérer le souci de permanence qui sous-tend tout écrit (l'évocation du caractère strictement ineffaçable de la trace mnésique inconsciente s'impose) pour pouvoir raisonnablement penser que le trait d'une lettre sur le papier tend toujours à représenter la coupure indélébile en quoi consiste l'inscription d'une lettre dans le corpus inconscient.

Dans cette perspective qui s'impose nécessairement au psychanalyste, l'activité d'écrire se donne comme une tentative de reproduire ou de re-présenter le texte inconscient; tentative dont l'échec obligé doit fixer par lui-même les règles propres à l'exercice de l'écriture.

Le deuxième point resté en suspens, et sur lequel je voudrais conclure, concerne l'orgasme. J'ai évoqué ce phénomène physiologique comme venant scander l'acmé du procès de rupture, et en quelque sorte, mettre un terme à l'effet de diffusion où s'évanouit toute limite. J'y reviens en conclusion parce qu'il me semble que le phénomène de l'orgasme rassemble bien la contradiction inhérente à la lettre, d'être à la fois élément d'ouverture et, simultanément, de clôture. D'une part, la dissolution de l'ordre organique s'y réalise d'une façon si manifeste qu'après coup ce sont les images d'évanouissement, de mort ou d'extase qui viennent pour signifier l'abolition de tout repère, mais d'autre part, ce paroxysme marque aussi le terme du désordre, le résume et le clôt. A qui interrogerait naïvement pour savoir où et comment peut se rencontrer, sans risque d'erreur, la lettre dans sa mi-prise, je répondrais volontiers que c'est précisément dans l'expérience orgas-

---

9. C'est de ce même point de vue qu'il conviendrait de reprendre la question des rapports au corps de celui qui écrit.

tique, tant il me paraît vrai qu'elle, et qu'elle seule, fait apparaître, sans autre médiation, le fait littéral. Sans doute l'invocation d'une « expérience » — qui pourtant, ici, mérite bien son nom — peut-elle laisser quelque doute sur la pertinence de la réponse que je propose. A juste titre. Il est certain qu'on ne pourra réussir à parler plus correctement de la lettre dans ses rapports à la jouissance, qu'après avoir d'abord mis au clair le problème de l'objet; qu'après avoir, ensuite et surtout, mis en place la notion psychanalytique essentielle de phallus.

## 4. Le fantôme de l'objet

Je voudrais prendre pour prétexte deux questions qui ont été posées à l'issue du cours précédent.

La première concernait le caractère particulièrement *obturant* de ma parole; le souci pédagogique inscrit dans ma façon de faire, est ressenti par un certain nombre (c'est tout au moins ce qui m'a été dit), comme particulièrement clôturant, et de ce fait comme contradictoire avec ce que devrait être une parole se rapportant à la psychanalyse.

La deuxième objection remarquait que, captif de ce même souci pédagogique, j'avais tendance à ne pas aborder d'une façon suffisamment rigoureuse les véritables problèmes; qu'en somme, je me répétais et me cantonnais dans le développement d'un certain nombre de thèmes que la plupart connaîtraient, en particulier ce travail sur les jeux d'articulation *littérale*, qui tend pour beaucoup à devenir une sorte d'image de marque de l'école lacanienne.

C'est d'un examen de ces deux objections que je voudrais partir et l'on verra que ces sujets ne sont pas sans rapport avec le problème de la castration qui nous occupe.


Je dirai tout de suite ma réponse, comme j'aurais pu le faire si ces questions ne m'avaient pas été posées dans le bout du couloir.

Ainsi pour répondre à l'objection portant sur le caractère obturant de ma parole, je pense qu'il convient de s'interroger sur l'effet dénoncé. Je dirai simplement que n'importe quelle parole (et à la limite la plus poétique) peut, lorsqu'elle est reçue d'une certaine façon, tomber sous le coup de cette objection; c'est-à-dire que l'on peut toujours, et à n'importe quel moment, faire de n'importe quelle parole quelque chose de parfaitement figé. Cela tient à la « nature même » du mot.

Or, c'est précisément de cette « nature » que j'essaie de vous parler; et j'essaie de vous en parler d'une façon telle que toujours quelque chose « ne colle pas », avec la certitude qu'à relire les notes que certains prennent si diligemment, il sera toujours impossible à quiconque de s'en servir, comme d'un bon et vrai cours, pour « boucler » un travail universitaire, ni même un travail à l'usage d'un institut psychanalytique !

De toute façon, le mot, ou pour le prendre d'une façon encore plus élémentaire, la lettre, n'est jamais de soi-même, intrinsèquement obturant. C'est ce que j'ai essayé de faire entendre la dernière fois. Ce que j'ai dit, c'est qu'artificiellement isolée de ses connexions, la lettre se présente sous une double face : qu'elle a en elle-même toujours une fonction limitante par rapport à la jouissance, mais qu'en même temps et nécessairement elle a une fonction d'ouverture par rapport à cette même jouissance.

Or, l'objection qui m'est faite semble consister en un constat, à savoir qu'ici même les mots que je prononce sont entendus ou même recueillis sur le papier, voire sur bande magnétique, et qu'ils sont préférentiellement captés, enregistrés, épinglés par leur face obturante.

A ce constat, ou cette objection, ma réponse est simple : parler, ou écrire, c'est nécessairement exposer le mot que l'on articule à toute une série d'avatars qui va du mal-entendu à l'insondable « compréhension » de toutes les « bonnes volontés » ; rien n'empêchera tel prétendu lecteur de faire d'« Extrême braise du ciel...[10] » un « chromo » et qui plus est, de s'en réjouir, voire d'enseigner une pareille lecture. C'est-à-dire que nul dispositif, si mallarméen — ou lacanien — soit-il, n'empêchera quiconque de se saisir du texte et de ses mots pour le ranger en bon ordre dans les rayons en teck de sa vitrine culturelle. Mais après tout, qu'importe : nulle mise en carte du mot n'annulera jamais son intrinsèque complicité avec les voies de la jouissance. Y aurait-il donc un « bon usage » des mots ? Y aurait-il une façon de parler, une façon d'entendre, qui garantirait le respect de la double fonction des lettres qui composent le mot ? Il serait naïf autant que vain de vouloir poursuivre ici quelque justification ou démonstration se fondant sur ce repérage, nécessairement partiel, de la fonction de la lettre.

---

10. R. Char, *L'Alouette*.

Que l'on se souvienne des autres termes constitutifs de ce que j'ai pu appelé l'espace de la jouissance et de ce que je formulais à la fin du dernier cours, à savoir qu'il n'est guère possible d'aller plus avant dans l'élucidation des rapports de la lettre à la jouissance avant de s'être un peu plus confronté à un autre terme essentiel de la structure, l'objet.

Avant d'en venir à l'étude du concept d'objet, je voudrais encore, sur le mode d'une incidente, répondre à une autre question qui m'est souvent posée : pourquoi est-ce que j'emploie le terme de lettre, plutôt que celui lacanien, de « signifiant » ? A vrai dire je m'en suis expliqué à plusieurs reprises. Je répondrai donc rapidement.

Le terme de signifiant a été repris par Lacan du champ linguistique et l'on sait à quel point le champ linguistique est limité, en tout cas différent du champ psychanalytique. L'usage du terme signifiant, tel que Lacan le promeut en psychanalyse, dépasse l'emploi qui en est fait dans son champ d'origine. Or, actuellement, quelle que soit autour de nous l'audience de Lacan, il faut bien constater que pour la plupart des lecteurs le terme signifiant garde sa valeur strictement linguistique, oblitérante, à mon sens, du fait inconscient. De plus, je pense que le terme de lettre marque mieux que celui de signifiant la référence à l'ordre de l'écrit, et partant au corps, dont il me semble de première importance de ne rien promouvoir qui puisse en atténuer l'instance.

En abordant le concept d'objet, je vais répondre du même coup, je l'espère, à cette seconde objection que j'avais évoquée, à savoir qu'il serait peut-être temps d'en arriver aux concepts les plus « durs », ceux qui sont les plus difficiles à manier, ceux à partir desquels se produisent dans l'usage qu'on en fait les plus fréquents glissements, les plus grandes erreurs.

Il s'agit bien entendu, de l'objet au sens psychanalytique du terme, c'est-à-dire de celui qui a une fonction dans l'économie du désir, une place dans la structure qui se déploie autour de la jouissance.

Parler de l'objet est une entreprise qui, à un premier regard, semble aisée, tant il est vrai que le mot, que ne limite pas la rigueur

## 5. La conjuration du réel

Il est aujourd'hui certaines formes de pop'art qui illustrent bien ce que peut être un cache-fantôme de l'objet : ce sont des constructions composées d'éléments choisis parmi les déchets jonchant les terrains vagues ou remplissant les poubelles : un cadre de vélo, une lunette de cabinet, un ressort rouillé sont montés, avec quelques autres restes, pour faire un objet d'exposition ; ce sont des tableaux qui assemblent « avec art » des chutes diverses, chiffons, morceaux de métaux ; ou encore des « bijoux » ciselés dans des ferrailles de rebut... Ce n'est pas dire, comme on peut être tenté de le croire, que l'on fait du détritus l'objet lui-même ; tout au plus peut-on considérer que la place déjetée du reste concret, son absence de fonction et d'usage, sont homologues de la place et de la fonction de l'objet dans la structure. Ce que ces œuvres de pop'art nous offrent, c'est la reprise dans une composition à exposer d'une sorte de présentation de l'objet, composition dont la fonction, qui peut paraître paradoxalement esthétique, est bien de *mettre en scène la monstration de ce qu'on ne saurait voir*. Peut-être certains ont-ils vu, dans une exposition récente, cette curieuse moquette, combien souple et moelleuse, faite d'un assemblage régulier de grosses ventouses caoutchoutées, qui s'offre au pied comme autant de faux seins à fouler. Soutien-gorge ou cache-sexe, le voile du fantôme semble là se tisser d'un matériau propre à l'objet fétiche.

Il est temps d'en revenir aux données de la psychanalyse. L'objet de la pulsion, on s'en souvient, nécessairement considérée comme pulsion partielle, est devenu, au sens strict que lui a donné l'école kleinienne, objet partiel ; il s'agit essentiellement, soulignons-le, de « parties du corps, réelles ou fantasmées, et de leurs équivalents symboliques ». C'est à partir de cette notion d'objet partiel que Lacan a approfondi le concept psychanalytique d'objet pour en faire l'objet *a*. Dans son cours de l'année 1965-1966, précisément consacré à l'objet, Lacan énumère quatre types fondamentaux d'objet : le sein, l'excrément, le regard, la voix. Il insiste, tout comme j'ai eu l'occasion de le faire ici à sa suite, sur le fait que le caractère partiel de l'objet n'implique nulle sommation ou addition pour construire quelque unité totalisée, mais que s'y fonde au contraire le fantasme d'une totalité.

De l'objet oral, exemplairement le sein, il souligne justement le caractère séparé par rapport à l'ensemble fantasmatique du corps de la mère. L'objet excrémentiel constitue le modèle le plus suggestif de ce qu'est l'objet considéré comme déchet : l'élaboration lacanienne sur ce point s'intrique étroitement avec la problématique freudienne et tente d'explorer plus avant (vers le rapport au phallus et au sujet, la voie ouverte par l'équation bien connue : pénis = fèces = enfant). C'est à propos du regard considéré comme objet de la pulsion scopique, que Lacan développe les idées les plus neuves : on en saisira au mieux la portée en se souvenant de son analyse de la fonction du tableau, très précisément en contrepoint de M. Foucault, des *Ménines* de Velasquez, comme « piège à regard ». Quant à la voix, si importante dans la pratique psychanalytique, il n'en a dans ce cours rien dit. On pourrait s'exercer à retrouver dans les exemples que j'ai proposés de cache-fantôme-d'objet l'implication de tel objet parmi les types distingués par Lacan : ce serait particulièrement facile pour l'excrément et le regard; mais ce n'est pas là ce à quoi je voudrais m'arrêter pour l'heure.

Il semble que par rapport à ce que j'ai pu dire, quant au statut de l'objet, à savoir qu'il se donne comme une présence perdue dont il est toujours impératif de masquer le caractère fantomatique, une importante question se pose : les objets énumérés par Lacan sont-ils une façon de ressaisir ou de nommer la présence perdue elle-même ou, au contraire, sont-ils les « espèces » ou apparences auxquelles les psychanalystes peuvent se rallier pour conjurer « psychanalytiquement » l'insistance menaçante de ce qui est perdu ? On m'objectera peut-être ici qu'en tout état de cause, ça n'a pas d'importance, voire même que la question n'est pas pertinente : dans la même mesure exactement où l'on sait (ou devrait savoir) en psychanalyse — comme je l'ai maintes fois répété — qu'il ne saurait y avoir de distinction possible, dans l'inconscient, entre une prétendue réalité sous-jacente et une représentation qui la manifesterait ou l'exprimerait. Sans doute cet argument vaut-il pour tout ce qui s'inscrit dans le réseau littéral, et je pense que l'apparence fantomatique, aussi bien que les différents habits (espèces) dont elle se pare, relèvent de la lettre telle que nous l'avons définie. Mais ce serait une grave erreur théorique que d'étendre cette prise de la lettre (signifiant) sur l'objet lui-même, puisqu'aussi bien l'objet est ce qui choit du jeu littéral et que comme tel, il ne saurait d'aucune façon être rattrapé. Il nous faut donc ici, mais sans doute ici seulement, maintenir fermement une distinction entre l'objet et les « espèces » nécessairement littérales par lesquelles s'opère la conjuration de son irrécupérable défaut. On verra que cette perte sans recours n'est pas sans rapport avec la castration, et que le psychanalyste n'a, dans le fond, pas d'autre fonction que de la rappeler à ceux qui ont été tentés de l'oublier, voire de feindre de la faire découvrir à ceux qui font semblant de ne pas savoir. Je maintiens donc la question posée quant au statut des quatre types d'objets énumérés par Lacan, et j'y réponds aussitôt en les classant dans la catégorie des espèces : puisqu'aussi bien chacun d'eux se repère sans difficulté dans le système littéral; et puisque ce n'est qu'en mettant l'accent sur la possibilité — ou l'effectivité — de leur détachement d'un ensemble corporel, qu'apparaît leur valeur de figuration de ce qu'est véritablement la perte de l'objet. Il suffit d'ailleurs, de considérer que chacun de ces morceaux de corps peut aussi bien, dans une autre perspective, assurer la fonction d'une lettre, autrement dit, être tenu pour un signifiant et fonctionner légitimement comme tel. Nous retrouvons là thématisée différemment, l'ambiguïté fondamentale[14] de toute partie du corps, qui peut alternativement, ou simultanément, être considérée comme lettre (signifiant) ou comme objet. Qu'on n'aille pas croire pour autant que je récuse la distinction de ces « espèces » d'objet éminemment psychanalytiques : elles sont, en partie, traditionnelles, et de toute façon pertinentes; je veux seulement leur donner un statut exact, pour éviter toute confusion dans la pratique, comme on le voit déjà se produire par l'efflorescence, sur les petits marchés de la

---

14. L'ambiguïté que nous avons déjà relevée concernait la fonction biologique et érogène qu'assurait simultanément toute partie du corps.

pensée psychanalytique, d'articles de pacotille tous affichés comme objet petit *a*!

Il apparaît, au reste, que dans l'énumération lacanienne, l'objet de la pulsion génitale est passé sous silence. J'entends bien que, dans la série des pulsions, celle qui met en jeu immédiatement l'appareil génital mérite une place particulière, dans la mesure où l'excitation de type sexuel qui caractérise l'érogénéité s'y trouve, si l'on peut dire, à sa place. Est-ce une raison suffisante pour ne faire de la zone génitale que le lieu de confluence ou de rassemblement de toutes les pulsions partielles ? Je ne le pense pas; car la réalité anatomique du sexe, immédiatement différente, ne saurait être escamotée. L'objet, le foutre, pour tout dire, n'en est que plus exemplaire : produit, reste, tout et rien en lui-même, irrécupérable mais surtout bien difficile à effacer dans ses effets, germe immortel comme dirait Freud. On retrouve, sans difficulté, le procès de sacralisation dans la façon de considérer ce foutu produit, « source de vie », semence de toute mémoire ; l'intervention du Saint-Esprit dans le procès de conception de l'enfant-Dieu, dit sans doute de fort jolie manière comment s'opère une rencontre sans qu'on en puisse formuler l'articulation, entre le réseau littéral et le réel de l'objet, entre le verbe et la chair. D'une façon plus imagée mais plus scientifique, malgré les apparences, on peut dire que c'est le « ge » manquant au gène pour en faire un « gégène », dans la terminologie « shadok », qui marque au mieux la place et la fonction de réel de l'objet, objet qui n'apparaît précisément que dans son effet, le gégène. Tout ce qu'on peut dire du manque (même de cette façon plaisante ou allusive) ne peut prétendre à quelque rigueur, qu'à la condition de ne pas le réduire à un retrait momentané et réversible d'une lettre, mais de le considérer comme un défaut radical, vraiment innommable, c'est-à-dire hors d'atteinte de toute lettre. De toute façon, c'est l'ombre effrayante de cet innommable que les diverses espèces d'objets sont destinées à cacher.

Si j'ai pris un si grand soin à tenter de cerner le difficile concept d'objet, c'est que la psychanalyse est, à ma connaissance, la seule discipline qui mette immédiatement en jeu l'objet; c'est même ce qui la caractérise. Perdu, innommable, comment se manifeste-t-il donc dans le procès d'une cure ? C'est ce que je voudrais maintenant faire apparaître. Je crois pouvoir repérer la manifestation de l'objet soit d'une façon directe, sous la forme d'une présence fantomatique et hautement angoissante, ou encore d'une hallucination étrange et isolée, soit, le plus souvent, comme une construction littérale particulièrement fixe, dont je ne sais s'il faut la dire hautement signifiante ou insignifiante, qui assure la vêture de l'esprit (fantôme) dans un tissu de significations. Bien entendu, ces significations articulées en réseaux subtils font les délices de tous les bons esprits (têtes pensantes) qui pratiquent ainsi, à leur manière, la variété littéraire (ou littérale) du culte destiné à honorer et conjurer le spectre de l'objet.

Trois exemples, extraits, une fois encore, des analyses publiées par Freud, vont me permettre, je pense, d'illustrer comment se repère l'objet dans une cure. Comme spectre d'abord : et c'est bien ainsi qu'apparaissent les loups en un cauchemar que fait l'enfant qui deviendra celui que tous les psychanalystes connaissent maintenant comme *l'Homme aux loups*[15]; tous les traits, ou presque, qui marquent le stéréotype de la présence fantomatique sont rassemblés dans son rêve : la nuit, l'apparition, la blancheur, la terreur d'une présence fascinante et insoutenable; cependant, contrairement à l'image populaire du fantôme qui n'a que des trous pour marquer la place des yeux, les loups se distinguent par leur regard fixe; mais la béance est figurée dans le rêve par la fenêtre qui s'ouvre d'elle-même sur la forme terrifiante. Je pourrais évidemment évoquer d'autres exemples plus directement recueillis, où l'apparition fantomatique se dessine comme une forme humaine, dans l'embrasure d'une porte, prodigieusement réelle et présente, effaçant même toute distinction possible entre l'état de sommeil et celui de veille; mais je préfère, depuis qu'il en a été fait, à Vincennes, un usage indiscret, éviter le recours à des fragments d'observations personnelles. L'exemple du cauchemar de *l'Homme aux loups*, et la phobie des loups qui s'ensuivit, pourrait aussi nous inviter à interroger les rapports de l'objet phobique avec l'objet tel que nous l'avons défini; je ne pense pas que nous ayons le loisir de le faire pas à pas, comme il conviendrait. Mais ce que nous pouvons quand même marquer, c'est que par

---

15. S. Freud, « Extrait de l'histoire d'une névrose infantile », in *Cinq Psychanalyses*, P.U.F., p. 325-420, G.W., 27-157.

l'intensité de l'angoisse que suscite l'objet phobique, il semble que son caractère pourtant concret ne réussisse nullement à voiler la présence perdue de l'objet *a*, et qu'au contraire il soit très électivement choisi pour la représenter, la rappeler, voire l'imposer.

La manifestation hallucinatoire est évidemment plus rare (en analyse) que celle de l'objet phobique; elle vaut pourtant d'être mentionnée, puisqu'aussi bien l'analyse de *l'Homme aux loups* nous en offre une, et exemplaire : un jour qu'il s'amusait à entailler un arbre avec un couteau, l'enfant s'aperçoit « avec une inexprimable terreur » qu'il s'est coupé le petit doigt de la main et que celui-ci ne tient plus que par un bout de peau; ce n'est qu'après un temps, que jetant un nouveau regard sur sa main, il la voit telle qu'elle a toujours été, intacte. Sans doute Freud interprète-t-il cette hallucination comme une façon de « reconnaissance de la castration »; mais ce qui nous intéresse dans cette manifestation, c'est la vision hallucinatoire et terrifiante, en « direct » pourrait-on dire, de l'objet en train de se perdre, de se séparer du corps; d'une part, *l'objet est représenté* sous *son espèce majeure, une partie du corps*, et, comble de raffinement, il se présente sous une apparence prodigieusement réelle, à la place même de la réalité du doigt non coupé; d'autre part, l'irréversible de la coupure est presque dans un même temps donné à voir dans une angoisse sans mesure et relégué au rang des perceptions sans objet : c'est dans ce classique « sans objet » de l'hallucination que se dévoile exemplairement l'objet *a*. Il faut remarquer que c'est à propos de cette séquence du travail de Freud que Lacan a repris et promu le concept de « forclusion » : est forclos, nous dit-il, ce qui est rejeté de l'ordre du symbolique et qui, comme tel, tend à réapparaître dans le réel. On ne peut manquer d'être frappé par l'analogie entre le mécanisme de la forclusion où un élément est rejeté de l'ordre littéral (une façon de « trou dans le signifiant ») pour réapparaître, insaisissable, dans l'ordre du réel, et le procès de « genèse » de l'objet comme chute ou reste de l'opération d'articulation littérale. Tout comme il nous aurait fallu considérer à loisir les rapports de l'objet phobique à l'objet *a*, il nous faudrait ici examiner comment le mécanisme de la forclusion s'articule avec la position structurale de l'objet : il semble, sans qu'on puisse ici en dire plus, que la forclusion consiste en un redoublement, ou un défaut singulier de cette disposition structurante qui produit l'objet comme reste perdu, pivot de toute réalité, et « cause du désir ».

Cependant, c'est sous les espèces d'une construction littérale que se manifeste le plus communément, dans la cure, l'instance de l'objet. Cela peut paraître soit paradoxal, dans la mesure où nous n'avons cessé de définir l'objet comme irréversiblement déjeté par rapport à la lettre, soit d'une extrême banalité, dans la mesure où rien ne peut être repéré si ce n'est en tant que lettre. Il me faut donc préciser comment une construction littérale peut assurer cette fonction de cache-fantôme de l'objet et en quoi elle se distingue alors des autres constructions littérales. Toujours à propos de *l'Homme aux loups*, j'avais, au cours d'un premier congrès de l'École freudienne, repéré le « jaune rayé de noir » comme un signifiant pivot de l'analyse : il conduit aussi bien au papillon qui avait été l'un des premiers objets phobiques, qu'à la guêpe que le sujet ampute en allemand de son initiale W pour en faire son propre chiffre, Espe, (S.P.), qu'à l'image d'une certaine sorte de poire dont le nom russe, Grouscha, le renvoie au prénom homonymique d'une des servantes qui avait joué un rôle important dans son enfance : il semble bien que ce jaune et noir constitue une articulation littérale (et colorée) autour de laquelle pivote ce qui se rapporte au thème de la castration. Un tel ressort de l'analyse, qui illustre bien ce que j'ai appelé, depuis, la pratique de la lettre, me paraissait éclairant, et le « jaune rayé de noir » me semblait convenir pour exemple de construction littérale. Je fus donc étonné d'entendre dans le cours de la discussion, Lacan manifester son approbation (!) de façon fort ambiguë, reconnaissant pareillement l'importance du « jaune rayé de noir » dans le procès de la cure, et le citer en exemple de ce qu'est... l'objet *a*. Peut-être pouvons-nous, en effet, saisir là ce qui distingue une représentation spécifiquement « cache-fantôme », d'une autre, plus ordinairement représentative du clivage subjectif dans l'économie littérale. Il me semble que c'est la particulière irréductibilité de la représentation qui signale son lien privilégié à l'objet; on peut remarquer que le terme d'irréductibilité évoque en lui-même la place de l'objet par rapport à l'ensemble littéral. Mais il faut préciser en quoi consiste cette irréductibilité dans le travail analytique; ce que je veux dire par là, c'est qu'une représentation telle que « jaune rayé de noir » gardera sa prégnance intacte quelles que soient les significations que l'analyse pourra faire apparaître, à savoir : sexe féminin (papillon), séduction (Grouscha), ou désir de castration (guêpe). Contrairement à tel « signifiant », *malaria* par exemple, dont l'emprise sur l'économie libidinale du patient peut se modifier par le fait de la mise à jour du réseau des significations dans lequel il est inscrit : souffle, esprit, âme, une représentation telle que « jaune rayé de noir » semble, elle, devoir garder une part de son impact fantasmatique. Tel me paraît être le caractère distinctif de la construction littérale assurant la fonction de cache-fantôme de l'objet. L'exemple de la représentation spécifique qui déclanche instantanément et irréductiblement le désir de *l'Homme aux loups* à savoir une femme accroupie offrant au regard des fesses proéminentes, illustre de façon encore plus éloquente la permanence de ce que l'on appelle elliptiquement, mais en l'occurrence très pertinemment, l'objet. Une analyse de cette représentation élective fait, en outre, apparaître d'une façon plus précise et plus circonstanciée les rapports de l'objet avec le réseau littéral. Si l'on pose avec Freud la question de savoir comment s'est « fixée » cette représentation, on en revient à la prise en considération de la scène primitive. On sait comment elle est reconstituée par Freud : « L'enfant venait de dormir dans son petit lit en la chambre de ses parents et s'éveilla... l'après-midi peut-être à la V$^e$ heure... Que les parents se soient retirés, à demi dévêtus pour une sieste diurne, voilà qui cadrerait avec l'hypothèse d'une chaude journée d'été. En s'éveillant il fut témoin d'un *coïtus a tergo* trois fois répété, il put voir l'organe de sa mère comme le membre de son père, et comprit le processus ainsi que son sens. » Je ne pense pas qu'il soit suffisamment explicite, pour rendre compte de la fixation de l'image de la femme accroupie, de dire que l'ensemble de la scène avait eu un caractère traumatique et que les détails, en particulier la position de la femme, avait donc laissé à l'enfant une « forte impression ». Il me semble, et j'ai déjà eu l'occasion de le dire, qu'on peut analyser d'une façon plus approfondie la fixation de cette représentation : ce qu'on appelle *traumatisme* consiste en fait en une *rupture de l'organisation littérale* qui régit le désir, si « enfantin » soit-il. C'est une sorte de catastrophe qui se produit, à l'occasion de laquelle, comme il peut se voir en un tremblement

# 6. L'impossible mesure

Peut-être certains sont-ils restés perplexes lorsque j'ai évoqué, en terminant le cours précédent, le fantasme de liberté, et indiqué en deux mots comment il se fondait dans l'escamotage de l'objet; j'ai été un peu elliptique, et je voudrais donc, avant de tenter de « faire le point » de la question de la castration, m'arrêter un peu plus sur cette pratique quasi universelle, et profondément religieuse, de l'escamotage de l'objet.

La position psychanalytique consiste à ne *rien escamoter*, quoi qu'il puisse en coûter, des éléments constitutifs de la structure ou « espace de la jouissance ». A ce que j'ai appelé espace de la jouissance, Lacan vient de trouver un nouveau nom : l'aléthosphère, littéralement, champ de la vérité. Quatre termes, je le rappelle brièvement, sont nécessaires et suffisants pour le constituer : la lettre, sa répétition, l'objet *a* et le sujet (refendu). Tout au long du cours de cette année, Lacan les a présentés sous la forme d'un groupe de transformation : $\frac{S_1}{\$} \to \frac{S_2}{a}$, ou, humoristiquement, comme un quadrupède dont il s'est exercé à faire permuter circulairement les quatre pieds, pour formaliser quatre discours radicaux : $\frac{S_1}{\$} \to \frac{S_2}{a}$ est la structure du discours du Maître, où $S_1$, signifiant-maître, se trouve en position première; $\frac{\$}{a} \to \frac{S_1}{S_2}$ est celle du discours de l'hystérique, où le sujet, S, se trouve en position maîtresse; $\frac{a}{S_2} \to \frac{\$}{S_1}$ est la position où se tient le discours de l'analyste, commandé par l'objet *a*, et il apparaît qu'ici, c'est celui qui nous concerne au premier chef; enfin $\frac{S_2}{S_1} \to \frac{a}{\$}$ est la structure du discours universitaire où c'est le savoir, $S_2$, qui se trouve en première position.

Ce petit animal à quatre pattes me plaît; je trouve admirable, et de bon fonctionnement, cet appareil. Mes réserves ne portent que sur le fait qu'il consacre à sa façon la primauté du discours du Maître, dans la mesure où il tend à placer « au point d'origine », selon l'aveu même de Lacan, l'articulation $S_1 \rightarrow S_2$ ; c'est à partir d'elle qu'il est d'usage de concevoir, d'une part, un effet, le sujet, $, d'autre part, un produit, ou reste, *a*. Sans doute cette façon de faire est-elle juste, ou du moins impossible à éviter ; mais elle constitue précisément le sol sur lequel se fonde une certaine prévalence de fait du discours du Maître, dans la plus pure tradition johannique, qui conduit inéluctablement les disciples à un nouvel idéalisme. A tout prendre, je me demande si le psychanalyste n'aurait pas intérêt, avec Goethe, à poser l'action « à l'origine » ; ça lui rappellerait au moins la position maîtresse de *a* dans le discours analytique, et le disposerait ainsi à mieux entendre ce qu'enseigne Lacan.

Mais revenons aux différents escamotages de chacun des termes de la structure. On pourrait s'exercer à en repérer les formes dans chacun des quatre discours radicaux, et l'on s'apercevrait peut-être que c'est la position « 3 » qui semble y disposer. Le mot d'escamotage, qui m'est venu pour marquer telle façon de ne pas tenir compte d'un terme de la structure, évoque la pratique de l'illusionniste, ce qui n'est pas forcément hors de propos, mais n'est peut-être pas suffisant. Par escamotage, j'entends précisément cette façon de laisser pour compte un terme essentiel, de n'en vouloir rien savoir, et de n'entretenir avec lui aucun rapport autre que d'ignorance, de méconnaissance ou d'oubli ; on voit ainsi des mélomanes d'occasion qui, virtuoses de l'escamotage, réussissent à scander un rythme de valse sur une musique à quatre temps, sous prétexte que, pour danser, c'est mieux. Comme l'escamotage n'est pas équivalent selon qu'il porte sur l'un ou l'autre terme, il nous faut considérer les différentes éventualités.

Je ne m'arrêterai guère sur les *escamotages portant sur* $S_1$ *ou* $S_2$, puisqu'aussi bien le fait tout simple qu'ils ne concernent qu'un seul des deux termes d'une répétition les laisse toujours boiteux, de terre, un gouffre s'ouvre brusquement sur le vide. Dans l'organisation libidinale d'un enfant d'un an et demi, évidemment instable, on conçoit sans peine que le spectacle d'une scène amoureuse entre les parents soit de nature à provoquer une dislocation instantanée. Tout comme le naufragé s'agrippe à ce qu'il trouve à sa portée, l'enfant, précipité dans les fissures de la catastrophe, se raccroche à ce qu'il peut reconnaître. Mais il faut bien entendre là que ce qui se disloque, c'est un réseau littéral, c'est-à-dire une certaine économie libidinale, et que ce qui apparaît, se dévoile dans les fissures du réseau, c'est l'innommable, l'insupportable manque : n'importe quelle représentation partielle qui se présente, pourvu qu'elle soit cohérente et reconnaissable, un morceau de corps, mais aussi bien une pièce de vêtement ou d'ameublement, peut alors faire l'affaire, pour voiler cette horreur de l'innommable; c'est ce fragment de cohérence littérale qui se « fixe », investi de tout le pouvoir de conjuration de l'horreur ou de protection contre la présence immédiate du réel (manque) de l'objet. Le spectacle de la croupe maternelle a donc fonctionné pour l'enfant, dans la catastrophe de la scène primitive, comme le recours, la bouée salvatrice, qui a empêché la chute avec (ou vers) l'objet, dans l'espace du perdu.

Il semble que, par l'analyse du procès de fixation d'un élément représentatif, nous soyons arrivés au cœur d'un problème posé par la psychanalyse : celui de la fonction de la lettre par rapport à la place cruciale de l'objet. En effet, à la faveur d'une situation critique, on voit se dessiner le type de rapport existant entre deux éléments de la structure, la lettre et l'objet. Si nous avons auparavant longuement insisté sur l'hétérogénéité de l'objet, déchu par rapport au règne dominant du système littéral, nous pouvons maintenant considérer le type de rapports (ou de non-rapport) qui existe de fait entre le système littéral et l'ordre du perdu. Sans doute me dira-t-on qu'il ne s'agit là de rien d'autre que de ce que Lacan a depuis longtemps thématisé autour du manque de signifiant et de la fonction vraiment ordonnatrice de ce « moins un ». C'est vrai, mais il semble qu'au lieu d'induire à concevoir ce manque comme défaut d'une lettre dans un ensemble qu'on pourrait fantasmatiquement se représenter comme complet, *l'accent mis sur l'objet* (aussi bien depuis deux ans par Lacan lui-même) *empêche qu'en soit redoublée, c'est-à-dire annulée, la perte*. Le « moins un » accentue la référence à l'ordre littéral alors que l'évocation de l'objet marque d'emblée l'hétérogénéité du défaut. En mettant l'accent sur l'objet, *la perte, l'absence ou le manque s'imposent comme réels*, au lieu d'être relégués par un jeu subtil de récupération littérale au rang des concepts à la mode ou des préoccupations mystiques. Il ne fait pas de doute — et je rappelle ainsi ce que j'avais entrepris de dire au début du semestre — que toute organisation tend à privilégier l'élément littéral, ou plus précisément à altérer la fonction de la lettre, en affirmant, confirmant et redoublant son rôle de cache-fantôme de l'objet. Car on aura compris, je pense, que toute lettre, outre sa fonction de représentation du sujet (clivé) pour une autre lettre, participe essentiellement et simultanément du rapport au manque (plus généralement à l'*hétérogène*), c'est-à-dire très précisément de la fonction repérée comme cache-fantôme de l'objet. Ce n'est donc qu'à la faveur d'une condensation de formule que l'on peut dire que telle représentation (en fait construction littérale), « fesses de femme proéminentes », est l'objet *a* : la formule développée est qu'un tel ensemble littéral se distingue par l'intensité et la permanence qu'il tient de la fonction de cache-fantôme de l'objet.

Toute méconnaissance de l'ordre du réel, et corrélativement toute invocation abusive de la « réalité », entraîne de fait une altération grave du système littéral, une sorte de perversion de l'ensemble de l'espace de la jouissance. Rien n'est plus commun : on se refuse à reconnaître le manque comme réel, ou, ce qui revient au même, on n'en veut pas tenir compte; la fonction de cache-fantôme de l'objet, assumée par la lettre, s'en trouve alors, de fait, redoublée, et tous les mots affranchis du poids du réel — sacro-sainte « liberté »! — ne sont que les organisateurs de la grande illusion. La psychanalyse, en redécouvrant l'objet, risque, pour un temps encore, de contrarier le règne d'une liberté qui consiste à dire et faire n'importe quoi pourvu que l'on puisse le fonder sur une religion, je veux dire sur un dispositif de conjuration du réel où les habits du fantôme tiennent lieu d'objets.

de l'usage psychanalytique, évoque ce qui se donne apparemment pour le plus concret, le plus saisissable, le plus immédiatement accessible. On va bien vite s'apercevoir que ce n'est là qu'une illusion, d'ailleurs tout à fait spécifique de la fonction de l'objet, et que la sorte d'évidence qui semble s'attacher à toute saisie de l'objet s'écrirait mieux comme évidence avec un *a*.

La spécificité de l'usage psychanalytique d'un terme aussi courant qu'objet se trouve dans la notion d'objet de la pulsion. Ce n'est pas dire pour autant que dans la littérature psychanalytique le mot ne soit pas aussi employé dans l'acception plus large d'objet d'amour, ou plus philosophique, d'objet corrélatif du sujet; mais l'originalité de l'apport de la psychanalyse consiste indéniablement dans ce terme indispensable au fonctionnement de la pulsion, qu'est l'objet. Comme on sait, de plus, que la notion de pulsion est vraiment un concept nouveau imposé par l'investigation psychanalytique, on conviendra sans peine que l'objet en jeu dans la pulsion exige qu'on y prête une attention particulière.

La pulsion, rappelons-le, est la « force » au sens psychique et, comme telle, une façon de « concept limite », selon l'expression de Freud, entre le physique et le psychique. Nous avons déjà eu l'occasion de considérer le caractère double, conflictuel, voire antinomique de cette « poussée » ou force animatrice, et de préciser que l'approche psychanalytique la tient pour composée de deux courants opposés : les pulsions de vie et les pulsions de mort.

Mais avant d'élaborer une définition de la fonction de l'objet dans ce jeu de forces, il faut encore préciser la notion de « pulsion partielle », puisqu'aussi bien c'est à propos d'elle, c'est-à-dire des pulsions telles qu'elles se découvrent dans l'analyse de la sexualité infantile, que Freud produit les formulations les plus précises concernant l'objet. La pulsion partielle est, schématiquement, la poussée qui s'origine en une zone érogène déterminée, « partielle » par rapport à l'ensemble des zones érogènes, c'est-à-dire par rapport à tout le corps. Dans la perspective ainsi déterminée, l'objet est « ce en quoi, ou par quoi la pulsion peut atteindre son but »; on conçoit qu'en référence à la notion de pulsion partielle dont il s'agit en fait, l'objet soit aujourd'hui légitimement considéré, à la suite des travaux de l'école kleinienne, comme objet *partiel* : le sein par exemple est un modèle de ce qu'est l'objet (partiel) de la pulsion (partielle) orale.

Mais déjà la mise au clair de la notion d'objet partiel, telle qu'elle est pourtant utilisée dans la littérature psychanalytique, ne va pas sans difficulté. En effet, on peut constater que d'un côté, une tendance naturaliste (ou biologisante) tend à définir l'objet dans une perspective fonctionnelle, comme ce qui vient naturellement satisfaire le besoin qui serait mis en jeu par la zone érogène; or cela n'est pas soutenable dans la mesure où l'on sait que l'obtention du plaisir ne coïncide pas nécessairement, bien au contraire, avec la satisfaction du besoin : quelle que soit l'implication du besoin dans la force qui tend au plaisir, elle ne saurait justifier une confusion des deux registres, confusion qui aboutirait purement et simplement à la négation du concept de pulsion. De plus il faut ici rappeler que, dans le même contexte d'une mise au point de la théorie des pulsions, Freud affirme que « l'objet est l'élément le plus variable dans la pulsion, qu'il n'est pas lié originairement à elle, et qu'il ne vient s'y ordonner qu'en fonction de son aptitude à permettre la satisfaction » (entendez par satisfaction, production de plaisir). S'il ne s'agit pas d'un objet « naturel » originairement défini, il faut donc essayer de reconnaître les facteurs qui concourent à la détermination de l'objet à son choix, à sa fixation; et c'est là l'autre côté, où l'on constate les effets d'une tendance qui se veut « historicisante » et qui cherche à déterminer par la reconstruction d'événements ou d'accidents historiquement repérables les éléments constitutifs du « choix » ou de la fixation de l'objet. Malheureusement, cette orientation de recherche typiquement psychanalytique bute le plus souvent sur la conception très approximative et incertaine que chacun peut avoir aussi bien des forces en jeu (pulsions) que des éléments véritablement constitutifs et décisifs d'une détermination inconsciente; si bien que cette ligne de recherche aboutit le plus souvent à la reconstruction imagée et naïve d'une saynète prétendument traumatique, où l'objet apparaîtrait pour se fixer. A vrai dire, c'est un peu ce que j'ai fait en d'autres occasions, mais je voudrais aujourd'hui aller plus loin, et je pense que ce n'est qu'en interrogeant avec plus d'insistance le concept de pulsion, qu'on peut y arriver.

On sait que Freud, se livrant à ce même travail, est amené à distinguer quatre termes qu'il « utilise en rapport avec le concept de pulsion » et qui sont : poussée, but, objet, source. On sait que le *but* d'une pulsion est défini, dans le cadre de la métaphore énergétique, comme la suppression de l'état de tension produit par l'excitation qui se manifeste à la source pulsionnelle; plus rigoureusement, et plus simplement, on peut dire avec Freud que c'est le plaisir; nous ne nous arrêterons pas plus sur ce rappel. L'*objet* de la pulsion, c'est justement ce que nous tentons de définir. « Par *source* de la pulsion, écrit Freud, on entend le processus somatique... dont l'excitation est représentée dans la vie psychique par la pulsion. » On peut ici relever la difficulté que Freud rencontre en conceptualisant sa découverte; en effet, comme j'ai déjà eu l'occasion de le faire remarquer [11], il affirme, c'est là sa découverte, l'originalité du concept de pulsion, limite entre somatique et psychique, c'est-à-dire ni somatique ni psychique; or parler de processus somatique, c'est déjà la rapporter à l'un de ces cadres pré-psychanalytiques, et partant, tendre à annuler la découverte de la dimension où va s'inscrire le concept de pulsion. Même si Freud ne réussit pas toujours à dépasser ce recours à des cadres qu'il a lui-même rendus périmés, il faut noter la façon qu'il trouve, à propos de cette question de la « source pulsionnelle », de s'en tirer : il affirme que, tout compte fait, seule la réalité psychique, c'est-à-dire le plan des « représentants (psychiques) » intéresse le psychanalyste, et qu'on peut très bien laisser de côté la question (posée à mon sens en termes prépsychanalytiques) d'un « processus somatique ». En tout état de cause, cette question de la source met bien en valeur le fait, relevé par J. Laplanche et J. B. Pontalis, que le problème général de la force pulsionnelle est fondamentalement lié, pour Freud, à la notion de « représentant (psychique) ». C'est en ce point, très particulièrement, qu'on peut constater la pertinence et mesurer l'importance dans l'histoire de la psychanalyse, de l'introduction par Lacan du terme de signifiant à la place incertaine du représentant psychique : dans la ligne de la découverte de Freud, le problème est considéré au niveau même où il se pose, dans les termes qui sont les siens,

---

11. Cf. *Psychanalyser*, p. 59, note 4.

sans que soit opéré un renvoi préalable à quelque substrat idéologiquement supposé, en l'occurrence une « organicité », dont nous avons vu le sens qu'il convenait de lui accorder. Des quatre termes distingués par Freud, il nous reste à examiner la *poussée*, la force même de la pulsion : le « caractère *poussant* écrit Freud, est une propriété générale des pulsions, et même, l'essence de celles-ci ». Or, il nous suffira ici de rappeler brièvement ce que j'ai maintes fois commenté, à savoir que dans *Au-delà du principe de plaisir*[12], Freud repère d'une façon générale cette « force qui nous pousse sans cesse en avant » comme l'effet de « la différence entre la satisfaction obtenue et la satisfaction cherchée ». C'est donc bien, peut-on dire, en référence à un réseau de lettres (système signifiant) tel que je l'ai décrit que peut se définir, en dernier ressort, et de la façon la plus rigoureuse, « l'essence même de la pulsion » pour reprendre l'expression freudienne.

Il va être possible, maintenant que nous avons considéré la pulsion, en tant que poussée ou force pulsionnelle, comme un effet du système littéral (réseau de différences), de dégager plus nettement la fonction de l'objet (de la pulsion). Rappelons d'abord ce que nous avons déjà dit sur un mode très formel : l'articulation littérale, telle une opération de division effectuée sur certains chiffres, produit un reste, et ce reste se présente dès lors comme ce qui n'entre pas, ne peut pas entrer dans le système dont il choit. Plus suggestif que l'exemple de la division est celui de l'irrationnel, mis en évidence par la mesure de la diagonale du carré à partir d'une mesure du côté : il n'y a aucune commune mesure entre la diagonale et le côté, et toute tentative d'en faire apparaître une aboutit à la production d'un reste irréductible. L'objet se caractérise partiellement comme un reste déjeté de la mesure (*ratio*, raison) des lettres. Le produit, ou reste de l'opération d'articulation littérale, tombée hors de l'ordre intrinsèque du système des lettres, peut être considéré de ce point de vue comme « perdu ».

Le thème de l'objet perdu n'est pas spécifiquement psychanalytique; pourtant, l'écart que nous avons repéré *comme* constitutif de la possibilité du plaisir et le « référent » par rapport auquel

---

12. S. Freud, « Au-delà du principe de plaisir », in *Essais de psychanalyse*, Payot, 1970, p. 50, G.W., 41.

s'instaure la différence impliquent eux-mêmes quelque chose d'une « perte ». Dans une conception imagée, et somme toute fort répandue, de ce souvenir oublié, l'idée d'un objet lié à la satisfaction prétendue première est toujours mise en jeu, et comme telle, perdu, ou à tout le moins impossible à retrouver. Dans cette représentation, c'est la perte « objective » qui serait la composante principale de la détermination du référent. A vrai dire, c'est toujours comme perdu que l'objet intervient en ce point crucial de l'économie du plaisir; dans la description *princeps* que Freud donne du désir (dispositif pulsionnel) qui anime le rêve, c'est l'image mnésique du « premier » objet de satisfaction qui est tout de suite mise en jeu et l'objet lui-même n'est plus évoqué que comme manquant. Tout l'usage psychanalytique du terme d'objet, Lacan l'a nettement montré, se centre autour de cette évidence clinique, à savoir que l'objet n'apparaît jamais en analyse que comme perdu, ou manquant.

Mais la notion de perte, faut-il déjà le rappeler, doit être entendue comme une chute dans le vide, hors de tout ordre de référence possible, très précisément, je le disais tout à l'heure, hors de portée du réseau littéral. Toute la difficulté, dès lors, est qu'*il n'est plus possible de s'en débarrasser : rien de plus encombrant que cette scorie qui ne peut rentrer dans aucun ordre* et qui n'en reste pas moins différente du vide où je viens de l'imaginer comme tombée. L'objet par rapport à l'organisation pulsionnelle qui nous régit, est aussi perdu et présent qu'un mort (cher disparu!) pour les siens, si cérémonieusement enterré qu'il ait été. On me dira que, s'il en était bien ainsi, on devrait trouver, dans le jeu de la vie pulsionnelle, l'équivalent des rites funéraires, puisqu'on ne saurait s'exposer à vivre sous la constante menace des fantômes d'objets. Eh bien, je répondrai tout uniment que c'est précisément à cela que correspond l'essentiel de nos relations à l'objet : une conjuration rituelle des effets ressentis comme menaçants de son statut de présence perdue. Il semble que telle soit en fait la religion, la vraie, aussi secrète qu'universellement observée : la variété des rites qu'on peut distinguer ne tient qu'à l'espèce sous laquelle se pratique la communion. Par espèce, il faut entendre en l'occurrence l'apparence aussi bien que la catégorie des divers « *cachefantômes* » que sont tous les tenant-lieu d'objet. Certains seront peut-être tentés de croire que je recours là à une fantaisie plaisante pour commenter et orner ce que je veux dire sur l'objet : je pense au contraire qu'en introduisant la religion, et le rituel, je ne fais que constater le plus quotidien de toute pratique et qu'il n'est pas de façon plus pertinente d'entrer dans le vif du problème de l'objet.

Car il est une chose certaine, c'est que chacune des espèces se caractérise, dans la pratique qui la concerne, par la mise en jeu de la *dimension du sacré*, tant il est vrai, comme l'a lumineusement montré Georges Bataille, que « les choses sacrées sont constituées par une opération de perte[13] ». C'est dire que je sais par avance le caractère sacrilège de mon entreprise et que je n'ignore pas l'accueil qu'il est d'usage immémorial de réserver au profanateur, à savoir, comme il doit arriver à tout vrai psychanalyste, d'être lui-même à son tour rejeté.

13. G. Bataille, *La Part maudite*, éd. de Minuit, p. 34. Il convient ici de citer *in extenso* ce très beau passage, extrait de « La valeur d'usage » de D.A.F. de Sade. « Lettre ouverte à mes camarades actuels » in Œuvres complètes, t. III, Gallimard 1970, p. 59. « La notion de *corps étrangers* (hétérogène) permet de marquer l'identité élémentaire *subjective* des excréments (sperme, menstrues, urine, matières fécales) et de tout ce qui a pu être regardé comme sacré, divin ou merveilleux : un cadavre à demi décomposé errant la nuit dans un linceul lumineux pouvant être donné comme caractéristique de cette unité. » Fragment auquel est ajoutée la note suivante : « L'identité de nature, au point de vue psychologique, de Dieu et de l'excrément n'a rien qui puisse choquer l'intelligence de quiconque est habitué aux problèmes posés par l'histoire des religions. Le cadavre n'est pas beaucoup plus répugnant que la merde et le spectre qui en projette l'horreur est sacré aux yeux mêmes des théologiens modernes. »

et que dans l'un et l'autre cas on aboutit principalement à une interrogation plus insistante de la différence entre $S_1$ et $S_2$ qui constitue le redoublement; ainsi l'hystérique, fascinée par le signifiant-maître, s'efforce de faire glisser ce « maître » vers le cuistre en ne cessant d'interroger la différence des sexes, et le psychanalyste, menacé par le savoir, se repère farouchement à la boussole de la castration.

Je m'arrêterai plus longuement sur l'éventualité de *l'escamotage du sujet*. C'est aussi l'occasion de préciser, plus que je n'ai pu le faire jusqu'ici, la nature et la fonction du sujet dans l'espace de la jouissance. J'avais défini[16] le sujet comme fonction de commutation alternante, ne consistant en rien d'autre que dans cette alternance, que l'on peut se représenter comme s'opérant entre une phase de béance et une phase de clôture; ou encore comme s'opérant entre les deux fonctions d'ouverture et de fermeture de la lettre, par rapport à la jouissance. Or il est clair qu'il n'est pas possible de concevoir le terme subjectif, et partant sa « refente », hors de son rapport à l'articulation littérale et à son « incarnation » qu'est la parole. Tenir compte de la position subjective, c'est tenir compte du fait que les choses ne peuvent se dire qu'à moitié (ou en partie double), précisément supportées par le sujet; c'est ce que Lacan a rappelé cette année en introduisant l'expression de mi-dire. Or, s'il est un fantasme aussi universellement répandu que difficilement réductible, c'est celui de complétude; rien ne semble pouvoir empêcher la compulsion à projeter sur toute chose une forme de totalité sphérique qui a nom d'unité, de plénitude, d'homogénéité, ou plus insidieusement de cohérence, de pertinence; des formules comme « tout pour l'unité » ou un vœu comme « pourvu que ça colle » résumeraient assez bien le sens de cette compulsion. J'ai déjà dit, et ne puis aujourd'hui que rappeler, que la détermination d'un champ scientifique participe, qu'on le reconnaisse ou non, de ce souci jaloux d'unité ou de cohérence. Mais dans cette universelle compulsion à constituer des unités pleines et finies, rien ne peut non plus empêcher le psychanalyste de reconnaître les efforts d'une passion de méconnaissance, c'est-à-dire de la très insistante tendance à réduire le sujet à un terme

---

16. Cf. *Psychanalyser*, p. 136.

non-clivé tel qu'un « moi », un sujet-support de la conscience ou de la connaissance. Bien entendu, corrélativement à la mise en place de ce sujet « plein », se déploie une parole obturante, morte, où ne compte que la face figée de la lettre ; c'est cette parole infiniment manipulable qui régit alors un espace fonctionnel parfaitement adapté à la régulation de tous les conflits et préposé au dérobement de toute jouissance. On aura reconnu là, je pense, la structure du « discours universitaire » auquel se ramène ce qu'on appelle approximativement la science, pour autant que le savoir, $S_2$, y est placé en position première. L'escamotage du sujet, à la fois réduction et mise hors jeu, est, on le sait, la condition même d'un discours qui se veut scientifique ; par cette disposition se trouvent mises en place les conditions d'un jeu littéral que n'entrave plus la contrainte de la vérité et qui se caractérise par cette maniabilité quasi parfaite à laquelle on doit, il faut le dire, « les prodiges de la science ».

*L'escamotage de l'objet*, dont j'ai déjà eu l'occasion d'indiquer la fonction déterminante dans l'organisation typiquement religieuse des formations sociales, demande un examen très attentif. En effet, la difficulté est de concevoir en quoi consiste l'escamotage d'un manque, dans la mesure où ce qu'on appelle objet n'a d'histoire que perdu et ne se repère que comme défaut. On se souvient de notre patiente approche du concept d'objet, qui nous a amenés à le définir comme un terme hors-cours, dont l'indestructible réalité de manque produit un effet de présence fantomatique, étrange et inquiétante. L'escamotage de l'objet, dès lors c'est le voilement du manque, une façon d'effacement du réel. A ceci près que rien ne résiste, en fin de compte, à la puissance dissolvante du réel ; quand bien même ce serait par une dalle de granit que l'on tenterait de murer le gouffre, il ne manquerait pas de se produire bien vite quelque prodige qui la déplacerait, l'effriterait en une poussière incandescente, ou la ferait s'évanouir en une fumée phosphorescente. Il ne faut pas moins que l'affirmation solennelle de la primauté du verbe pour espérer tenir en respect l'esprit malin, pour lui faire échec. Où l'on retrouve le discours du Maître et Dieu le Père sous toutes ses formes. Ce que je voudrais faire entendre ici, c'est que la primauté accordée à l'articulation littérale $S_1$-$S_2$ comme originaire et ordonatrice de l'espace de la jouissance, tient en fait au caractère insupportable et tout à fait hétérogène du terme réel, l'objet-manque; autrement dit, c'est ce dernier qui commande. Une fois encore, nous retrouvons là, dans une formulation sans doute plus radicale, un point crucial de la découverte de Freud : le refoulement, « clé de voûte » de la vie psychique, s'opère à partir du caractère irrecevable, « inconciliable » d'un représentant psychique. Il n'y a pas d'autre moyen de concevoir ce qui est conceptualisé par Freud comme « refoulement *originaire* » (*Urverdrängung*) que de s'en tenir à la description du refus de prise en charge d'un représentant psychique par un système[17]; que le représentant (*Vorstellungs-Repräsentanz*) soit non reçu ou irrecevable ne change rien au fait de l'incompatibilité ainsi marquée. Les différents termes qui peuvent connoter cette incompatibilité (en allemand : *Unverträglichkeit, Unvereinbarkeit*), tels qu'inacceptable, insupportable, voire invivable ne sont que des façons de dire l'irréductible hétérogénéité de la « vie psychique ». Ce qui cause le refoulement originaire, autrement dit ce qui soutient le déploiement de l'espace de la jouissance (qu'on peut aussi nommer plus approximativement mais avec Freud : « vie psychique »), c'est bien le réel irrecevable de l'objet-manque. Lacan n'articule pas autre chose quand il dit *l'objet* être *cause du désir*. Inversement, on peut dire que ce qui tombe sous le coup du refoulement originaire, c'est l'objet-manque, et que ce dispositif matriciel conditionne ensuite l'organisation du refoulement secondaire ou refoulement proprement dit : en termes freudiens, c'est principalement la « force d'attraction » du refoulé originaire (entendez maintenant le terme objectal) qui permet de rendre compte du fait que telle représentation (entendez : cache-fantôme d'objet ou représentation d'objet partiel) tombe à son tour sous le coup de l'opération de refoulement. En somme, ce que je repère comme escamotage de l'objet participe fondamentalement du procès de refoulement originaire, et l'on comprendra sans peine que la psychanalyse n'a pas d'autre fonction que d'en repérer et d'en démontrer sans relâche les effets au niveau du refoulement secondaire.

---

17. S. Freud, « Le refoulement », in *Metapsychologie*, Gallimard, coll. Idées, p. 48, G.W. X, 250.

Une question s'impose ici, qui est celle même de notre entreprise du « Département de psychanalyse » : si le fait de parler de la psychanalyse participe de la structure du discours-maître (expression que je préfère à celle de discours du maître), organisé pour conjurer l'objet, comment peut-on soutenir une telle parole sans contredire la visée même de la psychanalyse, que l'on peut dire être le dévoilement de l'objet ? Arrêtons-nous d'abord sur cette proposition, que parler de la psychanalyse participe du discours-maître. On pourrait évidemment dire aussi que, surtout en ce lieu, le fait de parler de la psychanalyse participe nécessairement de la structure du discours universitaire; cela peut arriver, assurément. Mais c'est là un écueil facile à reconnaître et à éviter; en effet, tout analyste sait plus ou moins qu'il doit être vigilant à l'endroit des prestiges du savoir et il en témoigne, soit en repérant les effets de l'exclusion du sujet dans le projet scientifique, soit, très habituellement, en réintégrant avec plus ou moins de pertinence, le terme subjectif impliqué de fait dans toute organisation libidinale. Au contraire, la participation au discours-maître est plus difficile à assumer et à dépasser : car ce n'est pas seulement en reconnaissant, avec Lacan, la structure d'autres discours radicaux qu'on échappe à la prise majeure dans la structure du discours-maître. *Ce n'est que dans la disposition d'une psychanalyse que la structure du discours de l'analyse fonctionne* : dans ce cas, mais dans ce cas seulement, *le réel, comme objet-manque, commande effectivement le discours,* c'est-à-dire *y est mis en jeu sans autre médiation, en position maîtresse.* Mais il est clair que, hors de la situation psychanalytique, l'objet-manque (dont la mise en jeu immédiate spécifie le discours psychanalytique) ne compte que comme ce qui doit rester hors-jeu. Or le discours-maître est précisément agencé comme tel pour affirmer la prévalence de l'ordre logique et « maîtriser » en quelque sorte l'inquiétante a-topie de l'objet-manque.

Parler de la psychanalyse implique donc nécessairement que celui qui en parle ait quelque expérience du « discours psychanalytique », autrement dit de la psychanalyse, faute de quoi, qu'il le veuille ou non, il reste pris dans un discours-maître, ou même dans un discours universitaire. Mais cela ne suffit pas. A supposer que celui qui parle de la psychanalyse réussisse à éviter les pièges de la transmission d'un savoir, ce qui, nous l'avons déjà dit, n'est pas bien difficile, il lui reste à réussir à tenir compte de son inévitable prise dans le discours-maître, pour ne pas s'en faire uniment le porte-voix. Comment? Voilà le vif de la question. Ce ne peut être qu'en interrogeant, à partir du discours-maître, la fonction de l'objet; ce qui n'est pas sans effet sur l'économie du dit discours, le premier étant d'entamer son auto-suffisance. Questionner la place et la fonction de l'objet, en refuser obstinément tous les modes d'escamotage, amène inéluctablement celui qui soutient l'interrogation à relativer son obédience aveugle au discours-maître. C'est à cette discipline que la psychanalyse convie celui qui s'y engage : le réel-manque et le masque de l'objet s'imposent dès lors en position maîtresse.

Ce que nous décrivions d'une façon sommaire, au début de ce semestre, comme « *espace de la jouissance* » se dessine maintenant d'une façon plus précise, *comme système dont le DÉFAUT constitue la pièce essentielle.* C'est le privilège de la démarche psychanalytique de considérer en priorité la nature et les effets du défaut, et partant de renoncer d'emblée à élaborer *un* système dont on a compris, qu'il se fonde toujours, quel qu'il soit, sur une forme d'exclusion du manque. L'affaire de la psychanalyse restera toujours de repérer les modes de réduction de la dimension du manque, et il y a tout lieu de penser qu'au regard de cette fonction, il y aura pour longtemps encore, sinon pour toujours, besoin de psychanalystes.

Mais si c'est là, nécessairement, un travail perpétuellement à recommencer, il en est un autre dont le progrès doit pouvoir se marquer, et qui consiste à faire en sorte qu'on ne se contente point de rester bouche bée devant le défaut, sous prétexte qu'il s'agirait là d'une plus moderne architecture de la forteresse de l'indicible : ce n'est pas parce qu'un usage obsessionnel des mots, dans la domination du discours-maître, relègue le défaut hors de son pouvoir, qu'il en devient vrai, pour autant, que le mot n'est pas partie prenante du manque. Il serait bon de faire ici le point de ce que nous en avons déjà dit. Et d'abord, quant au fait que la lettre n'a justement pas de prise sur cet élément que nous avons repéré comme objet, et qui apparaît à la place du manque, ou même comme manque. Mais, si l'on refuse de se contenter de ce mode traditionnel de repérage qui consiste à « circonscrire » le défaut, et aussi bien à le « circonvenir », on peut dire que cette place se caractérise positivement, ou intrinsèquement, par la possibilité qu'elle offre d'une indéfinie substitution de lettres. Cette place peut aussi se caractériser par la possibilité d'y faire tenir ensemble deux ou plusieurs lettres, sans qu'aucun effet d'exclusion ne se produise, voire par la possibilité de n'assigner aucune lettre, sans que pour autant le lieu soit effacé. Inversement, on peut dire que cette place est le lieu de l'impossible fixation d'aucune lettre.

On voit déjà se spécifier l'importance cruciale de l'objet pour le système structural, dans la mesure où, corrélativement à ce que nous venons de dire de son inépuisable polymorphisme, ou de sa non-identité radicale, il apparaît que toute substitution ou déplacement de lettre ne pourrait même pas se concevoir sans l'intervention d'un « grain d'objet » : que cette once de réel, si modeste soit-elle, vienne à faire défaut, et l'on voit la lettre se réduire à un système de signes sans équivoque et le trait se figer en une trace parfaitement muette quant à la jouissance. Car la jouissance, faut-il le rappeler, c'est l'insaisissable et irréductible réalité de ce manque, qui n'est rien de moins que le moteur du système structural.

Sans doute y a-t-il une difficulté majeure à concevoir « littéralement » ce manque, à le saisir conceptuellement (en allemand : *begrifflich ergreiffen*) : dans la mesure où le concept lui-même consiste en une sorte d'unité fonctionnelle, laquelle est construite à partir d'un jeu de substitution, dans lequel les termes sont privilégiés par rapport à l'écart ou à la différence qui permet ce jeu. Il y a là non seulement une difficulté, mais, à vrai dire, une impossibilité ; au point que la notion même d'impossibilité (ou de possibilité) se fonde sur ce rapport de la lettre au manque : *l'impossible* désigne le *défaut de prise de la lettre sur l'objet* et, comme tel, signale le type de relation le plus important du système, à savoir, l'articulation, dite impossible, au différent, au « tout autre », en un mot, à l'hétérogène. Cette articulation impossible n'est pas à penser comme un échec, si ce n'est, bien entendu, du point de vue du discours-maître; mais au contraire comme la garantie, la seule, du « bon fonctionnement », je veux dire conflictuel, du système structural. La démarche psychanalytique vise uniquement et fondamentalement à dépasser l'« oubli » qui tend naturellement à recouvrir l'impossible, à dégager pour chacun ce lieu du manque, désert, lice ou champ clos, où se rencontrent, s'affrontent et naissent deux forces antinomiques.

DE CETTE RENCONTRE, LE PHALLUS EST LE LIEU ET LE NOM ET LA CASTRATION DÉSIGNE L'ARTICULATION-IMPOSSIBLE OÙ S'AFFIRME L'INSURMONTABLE COUPURE ENTRE L'HÉTÉROGÈNE AMORPHE DU MANQUE ET L'ORDRE LITTÉRAL QUI TENTE INDÉFINIMENT D'EN PRODUIRE LA MESURE.

C'est un autre semestre qu'il nous faudrait pour traiter du phallus; je me contenterai, ici, d'esquisser le tracé et les nœuds du réseau qui serait à parcourir pour en dégager ce que, faute d'un autre mot, j'appellerai encore le concept. Il n'est plus personne pour penser aujourd'hui le phallus seulement comme un pénis; pourtant, l'organe anatomiquement repérable fait aussi partie du concept de phallus dans lequel il faudra considérer à la fois une fonction biologique sinon deux (organe de reproduction et d'excrétion), une fonction érogène (organe de jouissance, ou zone érogène par excellence), et une fonction symbolique, disons simplement de représentation du fait du sexe, ou même de la jouissance. Dès les premiers pas, nous serions amenés à nous interroger sur l'insistance des termes évoquant la simultanéité ou la coïncidence en un même lieu : on dira du phallus qu'il est « à la fois » lettre et objet, qu'il assure « en même temps » deux fonctions contradictoires (vers la jouissance et vers la survie), qu'il est « en un même lieu » présence et absence. Il s'agirait donc d'interroger aussi bien les faits de contradiction, d'antinomie, ou mieux encore, d'hétérogénéité, que les faits de rencontre (simultanéité, coïncidence), en un même lieu, ou en même nom : le phallus. D'une façon plus spécifiée, on aurait par exemple à s'interroger sur les rapports du phallus au manque, et d'abord, comme je viens de l'évoquer, à propos des modes d'articulation d'une présence anatomique du pénis avec la valeur de manque du phallus; ou encore, on aurait à préciser les rapports du phallus, d'une part à l'objet-manque, d'autre part au manque de lettre; enfin, les rapports du phallus à l'articulation littérale elle-même et au sujet clivé. On voit déjà la difficulté qu'il y aura à surmonter pour ne pas faire de ce concept carrefour un concept fourre-tout.

Mais, puisqu'aussi bien, à défaut de l'examen du concept de phallus, nous venons de consacrer un semestre au thème de la castration, comment pouvons-nous, aujourd'hui, faire le point de notre cheminement, afin de laisser au moins à chacun quelques instruments destinés à son repérage dans l'espace où je ne peux que le laisser perdu ? La castration, disais-je à l'instant, c'est l'articulation impossible où s'affirme l'insurmontable coupure entre l'hétérogène amorphe du manque et l'ordre littéral qui tente indéfiniment d'en produire la mesure. Assumer la castration, c'est, sinon regarder en face, tout au moins tenir compte de l'impossible mesure de la jouissance. C'est très simple et, en même temps, toujours à recommencer; il est clair que le système ne fonctionne que par son manque, mais il est évident aussi que le fonctionnement du système tend intrinsèquement à effacer son défaut originel, ou tout au moins à le réduire, le « récupérer », l'adapter à *un seul* but : la survie. Dans le « cours naturel des choses », ce sont les catastrophes qui viennent rappeler, manifester ou rétablir la primauté de l'hétérogène, et l'impossible accommodement du manque. Quotidiennement, le travail du psychanalyste vise, dans le cours des affaires de chacun, à remettre les choses dans une perspective conflictuelle où le leurre des « solutions » soit remis à sa juste place : c'est le jeu du désir et de la mort qui soutient, au fil des jours, la primauté de l'impossible. On me dira qu'il n'est point besoin d'analystes pour rappeler cela, tant il est vrai qu'il ne manque pas de voix pour se plaindre de l'impossibilité de l'affaire de la vie; sans doute; mais on peut se demander si le mode de la plainte n'est pas fondamentalement un appel, ou aussi bien une réponse, à l'éternelle « solution » d'un bonheur, d'un paradis, d'un Dieu qui existerait dans quelqu'au-delà harmonieux, peuplé d'anges musiciens, où l'agneau jouerait innocemment avec le loup, et où les bienheureux seraient délivrés du désir comme de la mort ; on peut surtout se demander si le ciel du catéchisme ne s'est pas banalisé, sans rien perdre de sa puissance de fascination, sous les espèces de toutes les solutions quotidiennes, dont on sait qu'elles sont aussi nombreuses, variées, et parfois spectaculaires, que décevantes. Toute « solution » prétend intrinsèquement à un effacement du conflit, alors qu'elle ne fait que le déplacer, l'écarter, niant du même coup la présence de la mort et la réalité du désir. Le plus remarquable est qu'il ne manque pas de prétendus psychanalystes pour participer, sans même s'en rendre compte, à la promotion des nouveaux paradis : ne sont-ils pas les modernes préposés à la solution de tous les conflits, dans la famille, l'entreprise, la société ?

La démarche psychanalytique tend au contraire, à travers le déchiffrement du réseau œdipien, à conduire celui qui s'y engage à faire face à la castration, c'est-à-dire à pouvoir considérer le manque sans s'en détourner aussitôt.

Sans doute n'ai-je pas, comme il eût été convenable, bouclé ce que j'avais à dire, en reprenant pas à pas les éléments dont nous étions partis pour interroger la castration, et bien des questions peuvent rester en suspens : quels sont les rapports de « la petite chose » repérée par Freud comme concept inconscient, avec le phallus ? Le corps n'est-il qu'un ensemble littéral, ou participe-t-il, mais alors comment, de l'objet-manque ? Comment concevoir la séparation (de la petite chose) à partir de ce qui me paraît essentiel, à savoir l'irréversible coupure entre l'objet-reste et le système des lettres, et comment conjuguer cette « fission » radicale avec les deux autres ordres de clivage que sont, d'une part, l'écart de la répétition, ou différence entre $S_1$ et $S_2$ et, d'autre part, avec le clivage inhérent à la « refente » du sujet ? Toutes questions qui se retrouveraient dans le cours d'une étude du phallus. Enfin, suffirait-il, comme je serais tenté de le faire pour conclure, de dire que le *concept de castration désigne l'opération par laquelle le manque réel, irréversible, insupportable et véritablement hétérogène, s'articule avec le jeu réglé des différences* ?

Je crois plus important, bien que de peu d'usage en ce lieu, de m'arrêter sur ces questions, laissant à chacun, selon l'exigence de son désir, le soin de maintenir son regard sur ce qui ne se donne pas à voir. Il me suffira, pour l'heure, d'avoir donné à entendre que, faire face à la castration, c'est, ayant reconnu qu'à l'impossible chacun se trouve tenu, savoir que s'engager dans les voies du possible, consiste à marcher, comme il se doit, en boitant.

# *Métaphore et phallus*

## par Juan David Nasio

> *Le phallus signale, dans la rue de Mercure, la direction du bordel...*
>
> La déformation d'un texte se rapproche, à un certain point de vue, d'un meurtre. La difficulté ne réside pas dans la perpétration du crime mais dans la dissimulation de ses traces. FREUD, *Moïse et le monothéisme*.

Ce texte est une métaphore. Par conséquent, contrairement à l'usage habituel dans un texte qui parle de la métaphore, il n'y aura pas d'exemples. Il est son propre exemple. Autrement dit, ce texte, comme toute énigme, appelle l'interprète qui se placera dans l'alternative, soit de le faire disparaître pour trouver une autre énigme, et alors le texte restera non clos, soit de le laisser persister, instaurant le savoir.

De plus, si nous comprenons que la métaphore est, avant tout, substitution et médiation, cette étude comme métaphore veut être une forme du passage que toute pratique psychanalytique doit réaliser : de la métaphore au phallus et à l'objet manquant. De même que tout passage de va-et-vient ininterrompu, la métaphore est l'alternance d'un point à l'autre. Telle est son ambiguïté et aussi sa radicalité symbolique.

---

Les concepts exposés ici proviennent en partie de réflexions surgies à partir de notre lecture du séminaire « La logique du fantasme » que le Dr Lacan a donné en 1966-67. Les comptes rendus de ce séminaire ont été faits par J. Nassif et publiés dans les *Lettres de l'École freudienne* (n[os] 1, 2, 3, 4 et 5); *Scilicet*, n° 2-3, éd. du Seuil, présente aussi un texte qui peut servir de référence, « Pour une logique du fantasme », p. 223-273.

L'introduction de la métaphore et de la métonymie dans le domaine psychanalytique n'est pas une importation conceptuelle du terrain de la rhétorique. C'est, au contraire, le sujet de l'inconscient qui a détruit les frontières qui limitaient ce qui pouvait être le champ de la rhétorique. Une métaphore n'est pas une figure de style du langage, elle est, parce qu'elle est langage, le style d'un sujet qui n'existe que dans et par son représentant. Ceci est un fait de structure, à savoir : un sujet, fait du langage. De la rhétorique il ne reste que la nébuleuse d'un savoir qui, en envisageant la métaphore au niveau des sémantèmes, nie ce lieu vide du sujet et, le tenant pour impossible, l'abandonne.

En effet, ce n'est qu'en comprenant la structure métaphorique comme un système de substitutions de signifiants avec la production d'un effet de signification [1] que nous pouvons rendre compte de sa valeur dans la constitution divisée du sujet de l'inconscient et de sa représentation. Plus précisément, et pour l'affirmer sans déformations rhétoriques, il n'est de métaphore sans sujet et toute métaphore est le sujet métaphorisé

Comme nous le verrons plus loin, ce sujet est l'effet impossible [2] disjonctif de deux champs convergents, celui de la logique, logique de signifiants, et celui du lieu, lieu du corps. Dans cette articulation prendra place le *fait du sexe*, parlé dans le silence de la logique, rendu corporel dans le contenant du lieu. Fait inabordable par le sujet auquel il est confronté, l'un face à l'autre à la même place : celle de l'impossible. Or, nous entendons que le phallus représente et signifie cette place et son articulation, soit comme le signifiant qui représente le sujet absent, soit comme le signe de tous les objets du sexe manquants. Notre exposé envisagera cette double valeur du phallus, tantôt comme métaphore, tantôt comme métonymie, pour avancer qu'il constitue finalement l'alternance du champ du signifiant traduisible par la double fonction d'ouvrir et de fermer le circuit de la jouissance. Le discours psychanalytique doit constamment osciller selon cette unique alternance; il ne peut y en avoir d'autre. Nous essaierons de la suivre.

1. J. Lacan, *Écrits*, éd. du Seuil, p. 515.
2. « ... ce pur sujet se situe au joint, ou, pour mieux dire, au disjoint du corps et de la jouissance », J. Lacan, 7 juin 1967, séminaire « La logique du fantasme », notes. Voir aussi à ce sujet : « Pour une logique du fantasme », in *Scilicet*, n° 2-3, p. 224 et 249.

Les traces de notre chemin dessineront la figure topologique du huit intérieur du champ du sujet tel qu'il a été promu par Lacan et dont nous allons en rappeler la constitution; chaque écart entre ces traces le fera disparaître et chacune lui donnera un nom. Il faudra les suivre pas à pas, et, pour le dire à la façon de Freud, les dissimuler ou les effacer en fondant le sujet de l'inconscient.

De ces pas, faisons le premier. L'opération fondatrice de l'existence de la série logique et de l'instauration du statut du sujet de l'inconscient, c'est la *coupure* produite par la vacillation de l'élément composant la chaîne dans une répétition rétroactive tendant vers l'annulation de la chaîne elle-même. Cette vacillation de celui qui répète c'est le mouvement conjugué d'une tendance progressive et d'une autre rétroactive : le trait qui se répète revient sur le précédent pour retourner, différent, sur soi-même, provoquant une coupure, un intervalle où le sujet s'enfonce en disparaissant sous le poids de l'insistance de la série. La possibilité pour le sujet d'être représenté, simultanément à sa disparition, permet à l'opération de répétition de continuer dans sa discontinuité foncière. Ici le sujet, en tant qu'il a son « tenant-lieu suturant du manque », est alternativement le soutien de ce mouvement redoublé de la répétition, et son effet.

Autrement dit, c'est sous cette forme de cycle ouvert de la répétition de retour que se produit l'incidence signifiante qui marque et divise le sujet.

Cette fonction déterminante de la coupure, constituante du sujet et du mouvement de la chaîne de signifiants plus que descriptible par le langage, est représentable dans les dimensions que nous offre l'espace topologique.

L'apport de la topologie pour la compréhension de la fondation du sujet et de ses représentants est strictement de caractère structural, c'est-à-dire que si les relations du sujet à la chaîne sont logiques, c'est la topologie qui, loin de faire des analogies imaginaires, réussit à représenter fidèlement l'ordre logique du monde symbolique par lequel le sujet est incisé et redoublé.

L'acte de coupure, donc, scinde par la ligne du milieu la surface unilatère, sans endroit ni envers — nommée bande de Moebius —

qui figure le sujet divisé (fig. 1). Cette coupure produite sur l'unique bord de la bande (ou, ce qui est identique, sur son unique surface) montrera que cette dernière cesse d'être unilatère et devient bilatère, c'est-à-dire que la bande disparaît dès qu'il y a deux bords. La coupure prend alors la figure de la double boucle (fig. 2). J. Lacan a considéré deux conclusions qui sont à déduire de cette proposition topologique : premièrement, le trait de la fente de la coupure sur la surface de la bande est tel que la coupure en acte est égale à la bande ou, en d'autres termes, *le sujet est la coupure*; deuxièmement, la bande cesse d'être ce qu'elle est, elle disparaît comme disparaît le sujet lorsqu'il est entaillé par la coupure.

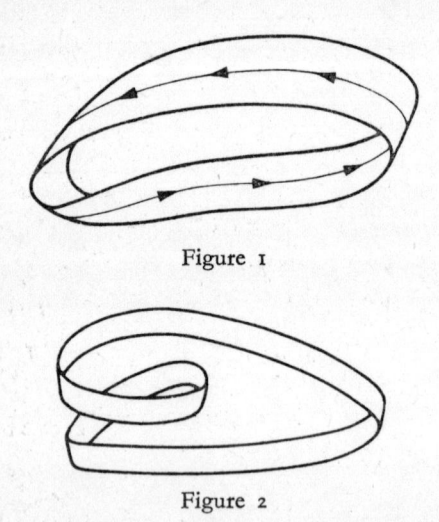

Figure 1

Figure 2

Autrement dit, le sujet disparaît et il est signifié : il y a eu un changement. Le sujet, différent, redupliqué, a été causé par la coupure signifiante. Que le sujet change veut dire que le signifiant est sa cause et c'est sa cause, précisément, qui le représentera pour les autres signifiants. Nous sommes en présence d'un *acte*, constitué par la répétition dans la chaîne, avec l'effet d'un sujet qui *n'est pas là* où il est représenté mais qui *est* à travers le signifiant qui le représente et l'engendre.

Cette réduction du sujet à sa cause, sans qu'il soit sa propre cause, *ne peut être effectuée que sous la condition nécessaire d'un système imparfait de signifiants où il y a un signifiant qui manque.* L'Autre se définit comme ce champ [3] qui tourne autour d'une absence, exprimée dans l'impossibilité de se définir lui-même.

Le langage, comme série logique de signifiants en répétition, donne un produit qui non seulement ne lui appartient pas, lorsqu'il ne réussit pas à l'intégrer à sa mesure — l'un — mais, justement pour cette raison, s'impose à lui et le domine en faisant de l'univers du discours un non-univers, un univers barré. A partir de ce produit de langage — qui n'est pas autre chose qu'un signifiant qui se perd en transgressant la chaîne — un manque s'est instauré, et l'Autre devient esclave de l'hétérogénéité de son produit. Ici « produit » contient toutes les implications conceptuelles qui le démarquent en tant que produit d'un acte de travail, *l'acte de travail* des signifiants en action. Mais c'est un *acte aliéné* parce que le choix de l'Autre se réduit à l'interdiction de récupérer sa perte, de combler son absence. C'est cette perte que le système de la chaîne affronte afin de rendre continue la fonction constituante de la coupure dans la production d'un effet, le sujet, et d'un produit, ce signifiant particulier. La conséquence immédiate du manque d'un signifiant est le maintien de la série tendue et vivante, ce qui signifie que le langage peut s'actualiser et vivre *en* et *par* son manque sans qu'il puisse se signifier lui-même.

En effet, le clivage n'est plus subi uniquement par le sujet; la répétition retombe sur le champ même de l'Autre, instaurant le phénomène de l'aliénation; « l'aliénation portée sous l'éclairage de la répétition... est l'opération qui fait de l'autre un champ marqué de la même finitude que le sujet lui-même. L'Autre comme tel... est en quelque sorte fracturé de la même façon que le sujet est marqué par la double boucle de la répétition [4]. »

L'infinitude impossible du champ de l'Autre, son impossibilité,

---

[3]. Nous préférons, d'une part, employer la catégorie de *champ* pour qualifier l'Autre lorsqu'il s'agit d'accentuer son impureté logique qui tient à ce qu'il ne peut fixer ses propres limites et d'autre part réserver l'attribut de *lieu* pour nous référer à l'Autre comme corps.
[4]. J. Lacan, séminaire « La logique du fantasme », 15 février 1967, notes; cf. aussi le compte rendu de ce séminaire, J. Nassif, *Lettres de l'École freudienne de Paris*, n° 3, p. 12, 1967.

indique exemplairement la dimension de la jouissance. C'est elle qui nous place en face de la scène où se joue le « drame de la subjectivation du sexe » dont le conflit radical est que le langage de l'inconscient ne peut dire son manque, si ce n'est par métaphore.

Le *déterminisme du manque*, causant le sujet et marquant le champ de l'Autre, institue la structure nécessaire pour qu'une métaphore se produise : l'existence d'une barre qui sépare l'ordre conscient de l'ordre inconscient. Toute substitution ou déformation qui tente de combler le manque sera un franchissement de la censure et *un crime au regard de la loi qui donne raison au système*. La barre de refoulement aura été franchie pour surmonter provisoirement, et avec la satisfaction d'un symptôme, la confrontation du sujet face au fait du sexe. Chaque crime sera une affirmation, chaque substitution une présence de l'absence. Le signifiant qui apparaîtra dans l'énoncé, trait incomptable, retour du refoulé, c'est le signifiant métaphorique. Celui-ci substitutif du signifiant qui ne peut être dit, se montre comme des traces mal effacées, surimprimées, qu'il faudra dégager.

Ce signifiant, écrit ou énoncé, se constituera en point de carrefour des trois éléments fondamentaux de la structure de l'inconscient : la chaîne signifiante, l'objet *a* et le sujet. Essayons de séparer les fils qui se nouent en ce carrefour pour arriver finalement à définir ce signifiant comme phallus.

## I. SIGNIFIANT MÉTAPHORIQUE ET CHAÎNE

Dans le plan de séparation de l'énoncé et de l'énonciation [5], ainsi que dans la convergence entre ce moment de scansion où le désir de l'Autre est une énigme dans la réponse que l'Autre anticipe à la question du sujet, et le moment où se ferment les significations de la phrase, surgira avec l'intensité de force de la vérité un nouveau signifiant chargé de signification dans la mer des signifiés leurrants. Signification qui naît dans le non-sens de la matérialité de ce signifiant. Ce dernier, échappant à l'intentionnalité du

---

5. Cf. le graphe, J. Lacan, *Écrits*, p. 817.

caprice de l'Autre, se mêle à l'opacité de la dimension de la conscience, à partir de laquelle il devra être replacé dans la chaîne.

Nous savons que le signifiant substitutif permet le retour du refoulé, mais nous préciserons que la raison de la substitution, d'un signifiant à un autre n'est pas de nature mécanique; elle est, au contraire, de nature structurale pour autant que jouissance et refoulement sont les conditions nécessaires de la structure.

En effet, le manque qui croise le champ de l'Autre, la jouissance, existe seulement en tant que dite. Mais le discours ne peut la signifier qu'en outrepassant la loi qui interdit qu'elle soit dite entièrement. Parler de la jouissance, c'est implanter les barrières qui l'annulèrent au bénéfice de mon plaisir et qui mutilèrent mon discours pour que, comme cela arrive avec la vérité, elle ne puisse être dite qu'à moitié. Elle ne peut être représentée que par des substituts de ce signifiant absent; elle ne peut être criée que par les bruits métaphoriques, ce qui revient à dire que la jouissance a un signifiant qui se trouve hors de la barre et qui la représente.

Comment comprendre le moment même du passage du champ de l'Autre au plan manifeste ou, plus simplement, comment comprendre cette opération de substitution qui, selon ce qui a été dit ci-dessus, ne serait pas, à strictement parler, le remplacement d'un élément par un autre, mais plutôt la signification de l'absence fondamentale dans la chaîne?

Nous pouvons dire en toute rigueur que le signifiant qui se substitue à l'autre élidé ne le reproduit pas et ne le signifie pas non plus; au contraire, le retour du refoulé est la présence, marquée dans l'énoncé, du signifiant qui représente le manque de ce signifiant absent, plus que la régénération du signifiant manquant.

Mais, revenons encore au processus essentiel de l'articulation de la série, d'où naîtra ce signifiant privilégié.

L'effet de l'incidence du retour de celui qui se répète, sur soi, sur sa propre trace, c'est le surgissement d'un « plus ». Ce plus est de la nature d'un trait et il est déterminé à partir du couple minimal de signifiants qui configure cette répétition rétroactive. Il n'appartiendra pas à la mesure de l'un, il sera incomptable, et aura l'avantage en « plus » (littéralement), à la différence de l'objet perdu, de représenter la fonction du sexe, en tant que refoulée et d'être l'indice de son énigme. Autrement dit, on voit surgir un signifiant particulier de la différence de la double boucle répétitive, qui sera, dans le cas de la métaphore — et par là même de toute structuration des formations de l'inconscient, le signifiant qui se manifestera dans l'énoncé, enfermé par la totalité fermée des signifiés de la phrase. Lacan l'a défini comme le « signifiant en trop », conséquence pure de l'impureté d'une structure formelle soutenue dans la mise en acte de la répétition redoublée.

Ainsi le signifiant métaphorique, substitutif ou « en trop », sera l'unique accès à l'ordre inconscient.

Selon la formule que Lacan a précisée $S(\cancel{A})$ le signifiant « en trop » est indiqué par $S$ — hors de la parenthèse qui signale la barre du refoulement. Il représente la finitude du champ de l'Autre. Pour tout dire, nous appelons ce signifiant substitutif, phallus, signifiant de la jouissance impossible. L'action interprétative comporte, comme nous le verrons, cette perspective de faire du signifiant métaphorique le signifiant qui représentera le manque dont souffre l'Autre ($\cancel{A}$) et, pour cela même, le signifiant qui a le privilège de représenter le sujet pour d'autres signifiants.

## 2. SIGNIFIANT MÉTAPHORIQUE ET OBJET

La position de fermeture du signifiant métaphorique par rapport au manque du champ de l'Autre, a la valeur d'un destin terminal, que nous appellerons objet. C'est là où la jouissance essaie de se réaliser qu'un morceau du corps, séparé, s'empare du sujet dans la fixité des significations subjectives. Morceau qui, étant produit du lieu de l'Autre, n'est mesurable par aucun univers du discours ni mesure de quoi que ce soit. S'il n'y a pas d'univers-mesure - de toutes les choses, c'est parce que comme nous l'avons déjà dit, l'hétérogénéité absolue de l'objet, de son produit, est incommensurable.

L'empêchement d'être repris par le discours le convertit en une perte irréparable, en un produit de déchet, et en un élément qui tendra en permanence à se réintégrer pour faire un appel à la jouissance irréalisable et limitée par les barrières du plaisir. Une métamorphose constante au service de cette tendance de retour fait de l'objet quelque chose de si hétéroclite qu'il ne parvient jamais à se réintégrer à la chaîne. Il s'établit un cycle dont le résultat est que toujours quelque chose se perd et se sépare de l'ordre symbolique. Il suffit de la répétition d'une demande énoncée par le sujet pour que s'installe un reste, un moins et conséquemment l'énonciation articulée du désir. Ce manque, au niveau de l'Autre, prendra la fonction de cause de son désir. La cause se déploie comme absence parce que ce reste, ce rien qu'est l'objet, est hors d'atteinte ; il sera toujours autre chose et son lieu sera toujours un manque. Ceci est son caractère d'objet réel parce qu'impossible.

Bien qu'il ne soit représentatif de rien parce qu'il ne peut même pas (et surtout pas) signifier son propre manque, nous reconnaissons dans l'objet la présence partielle du lieu de l'Autre dont il est né. En vérité, nous pourrions dire que si le corps est un ensemble de signifiants dont l'objet *a* est un représentant partiel, un morceau séparé, l'Autre — en tant que corps — est l'Autre de l'objet *a*.

Nous remarquerons brièvement que l'objet, à l'égard de sa relation du couple avec l'Autre, comporte deux registres : *produit perdu* de la répétition signifiante et *cause* du désir instauré ; et une seule place : le *manque*.

Isolé dans son altérité, il ne peut réaliser de substitution et, par conséquent, il ne peut représenter le sexe refoulé. Étant « incommensurable au sexe », l'objet ne peut être non plus signifié par aucun signifiant.

Il n'y aura jamais de métaphore de l'objet : il est lui-même le point final de la production de l'Autre. Et ceci ne veut pas dire qu'il ne soit pas inépuisable ou même interminable. Le discours, qui ne peut mesurer le « sans mesure », est obligé nécessairement de le qualifier par ses fonctions, par sa place, par ses propriétés négatives, par ses métamorphoses et ses mutations métonymiques. L'objet *a* n'est pas mesurable, il est qualifiable. C'est d'ailleurs ce que fait le sujet lorsqu'il s'accroche à une des qualités que l'objet acquerra pendant le processus infini des mutations et permutations, afin de cacher la jouissance, de lui donner refuge, en structurant, alors, la relation fantasmatique. Celle-ci est aussi diverse que le sont les formes que peut prendre l'objet. Structure fantasmatique qui, comme nous savons, immobilise et soutient la dialectique du désir par sa fonction illusoire, dans la mesure où l'objet — en disparaissant du champ réel — a la propriété d'être quelque chose qui signifie quelque chose pour le sujet. L'intense liaison au sens de cette représentation est l'unique conjonction — disjonction possible où la division du sujet est causé par $a$ ($ coupure de $a$ : $\$ \diamond a$). Le piège que tend une métaphore au sujet, qui croit l'inventer, ou au lecteur poète, est comme nous le verrons par la suite, cette propriété fixative de l'objet qui se fixe en signifiés et fixe le sujet. En réalité, l'objet, pareillement à une métaphore, là où il s'offre enrichi et plein de signifiés, n'est plus que le rien, le support d'un fantasme.

Cet objet, à qui nous ajouterons un qualificatif de plus, celui d'*allotropique* étant donné les renouvellements constants de ses états fixatifs, aura la forme de toute altérité possible. De chaque forme mutante, il y aura une marque, des traits métonymiques qui scelleront le cycle du désir. Or, nous avons vu que l'objet n'est pas représentable, c'est-à-dire, qu'il n'y a pas de signifiant qui le représente (le signifiant ne peut que représenter le sujet); cependant, au moment où l'objet naît de la chaîne symbolique, il laisse le trou d'une *absence marquée* et se constitue en objet du manque, désigné par le phallus en tant que signe de la castration. Le point d'évanouissement qui dénote le manque d'objet est constitué par un signe, résultat de l'arrêt de la signification : un signifiant se fixe, cesse de représenter le sujet et devient le signe qui réfère l'objet au moment où ce dernier est autre chose. Le signe de l'objet est ce qui représente une autre chose pour quelqu'un et le signifiant composant de ce signe est chaque trait métonymique qui imprimera en une concaténation infinie le mouvement du désir.

Résumons, pour cerner de plus près ce qui concerne un des axes de notre exposé : le rapport entre l'objet $a$ et le phallus. Ce produit inépuisable, cette cause insaisissable, est un morceau manquant qui émerge à la place de la coupure signifiante où le sujet est effet. Aucun signifiant ne fera référence à son absence, cependant le manque qu'il constitue est contourné par un bord qui sert de repère. Ce bord qui ceint le manque comme un point et dénote l'objet dans sa progression métonymique est le phallus. C'est-à-dire que l'objet n'est pas représentable mais il est, en tant que manque, repérable. La fonction phallique consiste à être la seule dénotation de cette partie du corps négativée où la jouissance peut trouver son point. Nous sommes en conditions d'affirmer donc que le phallus n'est pas l'objet-manque : il est ce qui le *désigne*. Ici réside l'unique valeur de l'objet, à savoir celle d'être l'objet du discours psychanalytique; celui-ci construit son domaine dans le moule que dessine l'ensemble des vestiges que l'objet laisse pendant ses transformations. Tout discours qui veut restituer cette réalité du désir, c'est-à-dire qui se prétend un discours psychanalytique, doit constamment courir *sur* les tunnels à l'intérieur desquels le sens se glisse, se produit, se crée, se masque, à la poursuite de l'impossible. Mais ce discours ne peut avoir accès à ces vestiges métonymiques, si ce n'est par le signifiant métaphorique. Absent de la chaîne bien que la déterminant parce qu'il représente le manque, le signifiant métaphorique est la liaison articulée et nécessaire avec tous ces autres signifiants du désir, que l'objet impossible a marqués comme des traits métonymiques. Ce signifiant métaphorique rendra alors possible, dans son autre position — celle d'ouverture à la jouissance —, ce passage impossible au champ de l'Autre ou, comme nous avons dit, il remplira la fonction du représentant du sexe et celle d'être l'indice de son énigme.

Nous pouvons comprendre maintenant pourquoi le signifiant en trop, signifiant substitutif, peut être, dans l'ambiguïté qu'il porte, aussi bien le signifiant du champ de l'Autre barré ($\bcancel{A}$) que le signe du manque d'objet. *Phallus* présent, donc, comme *signifiant de la jouissance* — signifiant métaphorique par excellence — et comme *signe de l'objet impossible*.

Nous allons passer à l'analyse du privilège que détient le signifiant métaphorique de produire l'effet de signification, c'est-à-dire de représenter le sujet pour un autre signifiant. Mais, auparavant, nous nous arrêterons encore sur la fonction opacifiante de l'objet dans sa propension à incarner la jouissance, afin de développer l'autre effet de la métaphore, le plus reconnu, et sur lequel les rhétoriciens ont mis particulièrement l'accent : je me réfère à l'effet de signifié.

Dans la mesure où une métaphore semble indiquer, mieux que tout autre fragment d'un texte, un choix intentionnel, une « invention », le sujet du dit, ou sujet de l'énoncé, reconnaîtra en elle le fruit d'un « je ». Le sujet se pense créateur quand, en réalité, soumis au discours de l'Autre, c'est lui qui est créé, ce qui signifie simplement qu'aucun sujet n'élit ni n' « invente » une métaphore : c'est l'Autre qui « invente » par et à travers lui.

Qu'une métaphore soit prise comme jeu et échange de signifiés et il n'y aura aucune différence entre celui qui se prétend son interprète et le sujet qui l'a émise! Chacun l'aura convertie en une comparaison figurée, en une analogie. La tentative de réduire l'écart de tension entre la métaphore et le reste du texte, en vue d'une amplification vers de nouveaux signifiés, et non comme incongruité entre signifiants, fera que le sens qui éclate dans la fissure produite par l'effet métaphorique prendra la forme d'une figure. Le sujet de la conscience s'accroche à cet effet de signifié et, le saisissant comme image, comme une mise en scène des personnages d'un rêve, s'inclut lui-même dans le scénario, ou mieux, inclut son propre corps.

L'effet de signifié aveuglera le sujet de la conscience par la lumière éclatante d'une image, celle de son propre corps, transformant le sujet en objet. Cette reconnaissance est sa méconnaissance redoublée : il méconnaît que sa reconnaissance est une méconnaissance, ou, en d'autres termes, il nie la méconnaissance que provoque l'effet de sens de la métaphore.

Construire une métaphore, la prendre comme image, c'est une mise en répétition de la formation du Moi dans la mesure où le Moi a son origine dans les passions pour l'image altérée du corps. Le Moi se sait différent de l'image qui lui revient, ce qui lui permet précisément de se reconnaître. Il a besoin d'un autre en face de lui, pour savoir qu'il n'est pas là et, ainsi, il se croit identique à lui-même. En vérité, il n'est que les lignes renversées de sa propre image, il est objet, il n'est rien; « ce sujet qui croit pouvoir accéder à lui-même à se désigner dans l'énoncé n'est rien d'autre qu'un tel objet [6] ».

Telle est la raison de l'extraordinaire séduction de la métaphore,

---

6. J. Lacan, *Écrits*, p. 828.

belle figure qui jette celui qui la reçoit (et, en particulier, celui qui la « crée ») dans le labyrinthe des miroirs où le corps règne dans la ronde perfection d'une sphère. Mais c'est un labyrinthe articulé, absolument logique, avec des lois et des règles qui le déterminent. Pourtant c'est un ordre « perverti » de par la nature des éléments qui le composent, c'est un labyrinthe de miroirs où la parole se reflète pour parler d'elle-même, comme si l'Autre pouvait jouir de la vérité.

L'image est prise comme objet et un ordre logique perverti s'instaure : l'ordre logique de l'image et du savoir. La figure serait pour ainsi dire l'objet fétiche de cette logique pervertie et c'est elle qui fait disparaître le manque ; la chaîne perd pour un instant, l'instant du plaisir, la tension de la différence. Le manque n'est plus manque, il est comblé par l'objet. Le plaisir trouve ici son lieu : il est la duperie d'une jouissance qui, en fait, n'arrivera jamais. Le plaisir c'est sa limite, l'objet son bouchon : objet de plaisir.

Nous pouvons alors penser que l'effet de signifié de la métaphore est cet objet-image. Il peut remplir le vide qui s'ouvre dans l'intervalle de la répétition signifiante et faire de la parole métaphorique une *parole érotisée* pour celui qui l'énonce, de même que pour celui qui cherche l'identité de ses multiples sens. Le corps, source des investissements narcissiques, donne à cette parole toute sa portée libidinale.

3. SIGNIFIANT MÉTAPHORIQUE ET SUJET ; SUR LA VÉRITÉ

Il s'agit ici de définir plus strictement ce que nous avons déjà entrevu comme *effet de signification*, c'est-à-dire le privilège qu'a le signifiant métaphorique de particulariser la suture du sujet dans la chaîne pour en faire un référent du manque, et faire du sexe une énigme.

La métaphore est le plus fidèle témoin du fait que c'est l'Autre aliéné qui fonde la vérité et qui la trahit à partir du moment où elle doit être dite dans l'énoncé.

Tout énoncé contient implicitement dans sa signification la question : « Qui parle ? » ; et, bien que le discours de l'inconscient soit un discours sans parole, silencieux parce qu'il ne dit pas de quoi il parle, nous savons que c'est lui qui parle, pour parler du fait du sexe. Mais il parle avec des métaphores, se redouble en symptômes, en garantissant, avec le capital précaire qu'il possède, le fait que la vérité peut être *dite*, mais à moitié seulement en tant que dite.

La polysémie d'un signifiant, sa non-univocité, fait de l'alternative vrai-faux, dans la mesure où il s'agit de la référer au signifié de la proposition, une chose morte, à cause de son impossibilité d'être résolue ; elle reste une aporie. Un même dilemme sans ssue consiste à opposer la vérité à la métaphore « mensongère »; un discours supposé scientifique semble devoir maintenir pure la rigueur d'une démonstration conceptuelle, ne pas la souiller par le vice d'une métaphore. Même dans le champ psychanalytique, un symptôme est fréquemment pris pour un masque mensonger qu'il faut arracher afin que la vérité cachée surgisse. Que ce soit le concept dans son déroulement logique, l'effet de signifié que produit une métaphore ou encore le sens d'un symptôme, tous tendent à masquer l'ouverture qu'offre la singularité du signifiant métaphorique. En d'autres termes, ils tendent à nier le fait que la vérité ce ne sont que ces quelques miettes sans sens, les traces déformées après que le crime ait été commis, le crime que l'Autre commet en mutilant la vérité en tant que dite. Pour cela nous croyons que la vérité dite par une métaphore est moins voilée que dite dans la cohérence d'un discours du savoir.

La vérité, donc, ne peut être qu'énoncée ou, plus exactement, l'énoncé est l'ordre de présence de la vérité. Mais il faudra faire de l'énoncé une mise en énigme. Si nous définissons l'énigme comme l'énoncé qui, dans sa composition, comporte un indice qui constitue la référence de l'énonciation, $E(e^E)$ [7], nous pouvons alors comprendre l'action interprétative comme l'opération qui consistera à convertir l'énoncé-énigme en un autre énoncé à partir de cet indice. Le signifiant métaphorique, déblayé de l'ombre de l'éventail des signifiés de la métaphore, sera l'indice qui permettra la conversion au deuxième énoncé, composé des signi-

---

[7]. J. Lacan, « Le désir et son interprétation », séminaire 14 janvier 1959, compte rendu de J.B. Pontalis, *Bull. de psychologie*, XIII, n° 6, p. 329.

fiants résiduels de l'objet du désir. Dire que le signifiant métaphorique, indice de l'énigme, porte *l'effet de signification*, nous amène à penser que la *fonction d'interprétation* doit s'exercer sur lui en produisant un *effet de vérité* [8]. Ainsi le plaisir que peut provoquer le fait de dire ou de recevoir une métaphore s'annule lorsqu'est mise à découvert l'énigme qu'elle renferme dans son signifiant.

Ce « grain de vérité », dont parle Freud, dans la discordance de son inexactitude ou dans son impureté matérielle, se sépare du texte comme un écart de tension entre la congruence qui l'inclut et son incongruence. Grain original, simple jusqu'à la cécité « du bien-connu » ou bien dernière lettre d'un chiffre qu'il faut lire à l'envers. Singularité qui porte celle de l'ordre inconscient du sujet. Il représente l'impureté et la finitude du système, l'existence de la barre et la possibilité de sa transgression. Il nous laisse la porte ouverte pour nous embrouiller avec les « mille fils » de la vérité.

Grains, particules, chiffres originaux, tous sont de petites formules infinies, sans sens, tous sont les coordonnées d'un mythème. Ces grains sont la vérité. Il n'y a pas d' « essence véritable » à découvrir parmi les broussailles des « formes ». L'unique antériorité de la vérité, c'est son antécédence logique au sujet.

Cela dit, le signifiant métaphorique retourne à l'Autre comme message inversé. Ces grains ont la force de la vérité parce qu'ils ont la force d'être la *cause matérielle* du sujet. Le signifiant articulé est « l'être de vérité ». Efficience du signifiant qui redouble le sujet par l'acte d'une répétition rétroactive, acte qui ne renferme pas autre chose que la *cause matérielle* et *son effet*. Matérielle, mais en plus *absente*, car l'intervalle de la différence entre deux signifiants est la coupure qui, en scindant le sujet, le cause, le produit comme effet et le constitue en réel. Le lieu de la cause est l'absence et le signifiant sa matière.

Or, si nous avons dit que *l'effet de signification* du signifiant métaphorique est l'*effet de vérité*, nous pouvons maintenant compléter en disant que cet effet consiste en la causation absente qui retombera sur le sujet. Pour tout dire, le représentant qui supporte le sujet pour d'autres signifiants est celui qui le cause. En paraphrasant la

---

8. J. Lacan, « La logique du fantasme », séminaire 14 décembre 1966, notes.

formule lacanienne sur le signifiant, nous dirons : un signifiant est ce qui *produit* le sujet pour d'autres signifiants.

Nous sommes ainsi retournés à la scène du discours de l'Autre où la répétition fonde la chaîne en produisant le sujet comme effet et l'objet comme produit.

La production, nous l'avons déjà dit, est acte de production soutenu par le vide qui reste. C'est ce lieu d'intervalle où le sujet est pure-coupure et où l'objet est manque, que nous appelons la place du réel. Place où tout est autre chose, tout est rien. Mais pour aller un peu plus loin et cerner un entrecroisement qui reste ouvert, il faut dire que ces deux termes considérés comme vide *causent* eux aussi l'articulation signifiante, qui à son tour les rend, en acte, aussi réels qu'impossibles.

Or, si nous reprenons l'idée déjà ébauchée selon laquelle le signifiant métaphorique, signifiant en trop, est « un » signifiant qui représente le sujet pour d'autres signifiants et que ces « autres signifiants » sont les marques métonymiques du désir, nous pouvons convenir de reconnaître au phallus le privilège d'être autant l' « un » que les « autres ». Pour l'exprimer avec le risque d'une formule : le phallus est le signifiant qui représente la place où se structure l'articulation nécessaire à l'émergence du sujet divisé là où l'objet est manque. Voilà ce que le phallus représente : le réel, l'irreprésentable.

Pour tout cela, le réel impossible est présent dans l'alternance de la fonction phallique, de la métaphore à la métonymie. Entre le signifiant du sujet et les marques — les effilochures que l'objet abandonne çà et là dans son errance — on construira le chiffre qui ne se ferme jamais. Lévi-Strauss, en parlant du mythe dit : « Il n'existe pas de terme véritable à l'analyse mythique, pas d'unité secrète qu'on puisse saisir au bout du travail de décomposition. Les thèmes se dédoublent à l'infini. Quand on croit les avoir démêlés les uns des autres et les tenir séparés, c'est seulement pour constater qu'ils se ressoudent. L'unité du mythe n'est que tendancielle et projective... [9] » De la même façon nous rencontre-

---

9. C. Lévi-Strauss, *Le Cru et le Cuit*, Plon, Paris, 1964, p. 13.

rons toujours de nouvelles énigmes, de nouvelles métaphores; il n'existe pas une signification absolue; c'est l'inverse : la signification est signification d'un impossible.

Le signifiant métaphorique, sous l'exercice de l'action interprétative, représentera — de même qu'il cessera de représenter — le sujet pour laisser son statut aux autres. L'effet de l'interprétation sera la volatilisation de la métaphore « première », et d'autres jailliront au sein d'une combinatoire de substitutions.

Le phallus sera toujours chaque trace, chaque signifiant; il nous dessinera peu à peu la figure topologique de la bande de Mœbius sans fin. L'illusion sera de croire en une limite. Comme disent les topologues, la fourmi continuera à aller lentement à la recherche d'un bord de repère que jamais elle ne trouvera. Il n'y a pas de déchiffrement de métaphores sans rencontrer le phallus, et rencontrer le phallus c'est rencontrer le va-et-vient de la mort.

En récapitulant, et pour ne pas finir, nous pouvons résumer les relations du signifiant métaphorique à la chaîne, à l'objet et au sujet à partir de la formule de la métaphore en les référant au schéma du discours du Maître, que Lacan a développé dans son séminaire des années 69-70 :

$$\frac{S'}{S''} \cdot \frac{S''}{x} \longrightarrow S'\left(\frac{I}{s}\right)$$

*Schéma de la métaphore*

$$S'\left(\frac{I}{s}\right) \xrightarrow{\textit{fonction d'interprétation}} \frac{S'}{\$} \rightarrow \frac{S''}{a}$$

*Schéma du discours du Maître*
ou *Effet de vérité*

Est-ce à lire : S' c'est le signifiant métaphorique ou signifiant en trop qui représente le sujet $\$$ pour un autre signifiant S'' qui lui, dénote l'objet impossible *a*.

*(printemps 1970)*

# 3
# Trois observations

# *Jérôme*
# ou
# *La mort dans la vie*
# *de l'obsédé* [1]

Si la neige avait été plus rare encore, si j'avais été plus ardent à la tâche, sans doute aurais-je pu, ce soir, vous présenter un joli travail, bien construit, comme d'un temple le portique achevé propre et net, avec du gazon et des fleurs à l'entour ; excusez-moi, nous sommes encore en chantier et l'on gâche sur la pelouse.

Mais déjà je pense à l'épigraphe qui accueillerait le visiteur, et deux paroles s'offrent à mon choix, celles mêmes qui l'ont guidé vers ce sujet.

« Avant tout, les obsédés ont besoin de la possibilité de la mort pour résoudre leurs conflits », écrit Freud dans *l'Homme aux rats*, et vous vous souvenez, je pense, de cette phrase délicieuse que l'on trouve quelques lignes plus haut : « ... et en imagination, il tuait constamment les gens pour pouvoir exprimer sa sympathie sincère aux parents du défunt. »

C'est d'un séminaire de mai 1955 — il y a tout juste un an — que je découperai bien arbitrairement l'autre épigraphe, qui commence par la question d'Œdipe :

« Est-ce donc quand je ne suis plus rien que je deviens vraiment un homme ? »

« C'est là, nous dit J. Lacan, c'est là que commence la suite de l'histoire : l'au-delà du principe de plaisir. »

---

[1]. Communication faite à la Société française de Psychanalyse, le 28 mai 1956, et publiée pour la première fois dans *la Psychanalyse*, n° 2, P.U.F., 1956, p. 111-140.

## DÉMASQUER LE RÉEL

Il faudrait au moins, à défaut d'édifice, que je vous propose un plan : c'est tout juste un crayon sur un calque; jugez.

Dans une première partie il sera traité de ce que nous savons ou tout au moins de ce que nous faisons; dans la deuxième, j'essayerai de vous reconstituer mon dialogue avec Jérôme, en prenant soin pourtant de remplacer mes silences et mes exclamations, mes « ouin » et mes « heum » par des formules plus développées; dans une troisième enfin, nous discuterons, du plan qu'il conviendrait de choisir, si tant est que nous ayons encore, à ce moment, le moindre désir d'envisager quelque projet du même genre.

Ce que nous savons commence par une histoire, un peu simple, un peu bête, comme on en raconte sur le divan ou dans les journaux :

« Il s'agit d'un analyste de grand renom, qui d'heure en heure fait la grâce à ses illustres clients de les recevoir et de les écouter; il était un peu las ce jour et ne quittait point son fauteuil; de jeunes et aimables personnes, formées à cet usage, cueillaient le patient à son lever avant d'étendre le suivant. Il était cinq heures, et l'obsédé qui gisait là parlait d'abondance; l'heure passe, comme à l'ordinaire, et notre patient, particulièrement satisfait de lui conclut en ces termes : je crois que c'était une bonne séance; puis reprenant en écho anticipé une parole qui venait habituellement du fauteuil il ajoute en se levant : « Nous allons en rester là. » Son thérapeute lui parut plus froid qu'à l'ordinaire : il semblait dormir. Mais non, il est pâle, vraiment froid; on s'inquiète, les jeunes personnes s'affairent; on appelle un confrère qui accourt, écoute, et dit : il y a bien trois heures qu'il s'est éteint. »

Cette histoire que nous appellerons l'histoire du patient de cinq heures, évitant ainsi de nommer ce à quoi elle se rapporte, cette histoire était déjà connue de Marie-Chantal. Pourquoi la dédaigner! Arrêtons-nous un instant sur ce qu'elle nous enseigne.

Il en existe de plus spirituelles, me direz-vous, et j'en conviens; mais celle-ci a le mérite d'être « frappante ». Je ne saurais vous relater avec certitude son origine, mais il y a fort à parier que ce fut sur un divan qu'elle naquit; depuis ce temps je crois bien que tous les patients du monde la connaissent ou la réinventent et en usent perfidement à un degré second. On m'a rapporté ainsi qu'un de nos Maîtres didacticiens, un jour, aux environs de cinq heures alors qu'il se relaxait comme il convient, bercé par le doux ronronnement philosophique de son savant élève, s'était tout à coup dressé, comme on lui rapportait de cette histoire le fin mot, en grognant analytiquement : « Alors, vous la trouvez drôle, vous ? » et l'élève imperturbable : « Oui, pourquoi ? »

Mais, trêve de divertissement, nous savons là ce que parler veut dire; analysons.

Il est bien certain qu'il s'agit d'une forme particulière des fantasmes de mort de l'analyste qui apparaissent avec une constance remarquable chez nos patients. Que signifie ce fantasme innocent — si l'on peut dire ? Vous le savez aussi bien que moi, j'allais dire, aussi bien que le patient qui n'ignore rien, lui non plus, de notre littérature analytique désormais classique. Je rappellerai donc les différentes clés qui nous servent habituellement à comprendre — si tant est qu'il s'agit de comprendre — ce que nous dit notre patient quand il nous parle de mort.

Et tout d'abord, il est bien clair que nous imaginant ainsi mort, c'est qu'il veut nous tuer : « Vous voulez donc me tuer », lui répondront ceux qui comprennent. « N'avez-vous jamais rêvé qu'il arrivait ainsi quelque accident mortel à votre père ? », questionneront les malins, à moins qu'ils ne suggèrent avec ruse : « Vous imaginiez l'autre jour que je portais la barbe, comme votre père ! » Bref, il est certain que par cette histoire notre patient nous manifeste, par un effet de transfert, son agressivité, qu'il souhaite notre mort comme il le fit à l'encontre de son père, à moins qu'il ne la craigne; c'est d'ailleurs là ce que tout malade averti vous expliquera lui-même.

Mais l'histoire du patient de cinq heures nous confirme encore dans notre savoir sur bien d'autres points; par exemple que l'analyste est un monsieur qui se tait bien souvent, qui parle peu, qui parfois, garde un... silence de mort. Freud nous le rappelle dans « Le thème des trois coffrets » : le mutisme, en rêve, est une représentation usuelle de la mort. Certains patients à l'esprit pointu insinuent même parfois que le psychanalyste dort pendant qu'il parlent, et l'histoire nous rappelle comme ce canon de Haydn que le sommeil est une brève mort.

Jérôme dont je vous entretiendrai plus longuement tout à l'heure, me parle souvent, lui aussi, de sommeil. Ne manque-t-il pas de s'endormir sur le divan quand, à bout de souffle, il renonce à raisonner pour que ne résonne plus sa caisse de résonance? (Il nomme ainsi son cavum dont la parfaite perméabilité le soucie beaucoup.) C'est un long soupir, une pause, qui suspend alors le commentaire sonore de son imagerie. Je soupire aussi, de soulagement (mais en silence) et j'ouvre ma deuxième oreille; voilà des semaines qu'il fait tout ce qu'il faut par sa raisonnance monotone, pour m'endormir. Il lui vient alors le mot « crocodile », comme ça, en l'air, ne sait pas pourquoi... Si, c'est du cuir de crocodile; il n'aime pas cette peau. Il se souvient alors d'un film documentaire : on y voit un crocodile qui semble dormir, flottant comme un tronc d'arbre mort, puis tout à coup ouvre la gueule et vous avale un nègre en moins de temps qu'il ne faut pour le dire... Non, bien sûr, il n'a pas vu cette scène d'incorporation, elle avait été coupée; mais il sait que par une chance exceptionnelle le cinéaste plein de sang-froid devant cette scène, avait tout mangé de son œil de verre sans en perdre une miette.

Moralité : faire le mort peut permettre de manger l'autre.

Crocodile. ... oui. Cuir de crocodile comme votre calepin; je n'aime pas ce cuir.

Soit, c'est peut-être moi le crocodile. Mais après tout, et nous touchons là au chapitre identification, pourquoi ne serait-ce pas lui, le patient, qui serait le tronc d'arbre mort, allongé sagement et parfois silencieux, voire endormi, comme l'analyste? Pourquoi ne serait-il pas lui cette chose inerte et menaçante?

Assurément, si l'analyste se tait, il ne manque pas de patients qui eux aussi, font le mort.... et vous le disent. Cela pourrait ainsi durer fort longtemps.

Mais heureusement, il est de bonne tradition que ce soit l'analyste imperturbable qui ait le dernier mot comme en témoigne une autre histoire que je crois avoir été un des premiers à recueillir dans notre groupe, et qui serait en elle-même aussi fort instructive. Vous la connaissez : c'est l'analyste de grande expérience qui a pour technique de répéter le dernier mot de la phrase du patient, jusqu'à reprendre un jour en écho le « plouf » qui conclut l'*acting-out* ultime.

Il semble donc admis, à tort ou à raison, que c'est l'analyste qui doit avoir le dernier mot. Je crois cependant l'exemple du crocodile particulièrement intéressant, puisqu'il rassemble autour du silence, du sommeil et de la mort, en une brève séquence, toute une série de thèmes familiers à l'interprétateur : objectivation, « analité » (je veux parler du nègre), ambivalence, identification, agressivité-passivité, incorporation et voyeurisme. Autant de clés dont chacune pourrait à elle seule servir de guide à une interprétation qui garderait toute valeur d'une explication par un mythe.

Je n'ai, jusqu'à présent, pas eu d'autre ambition que de vous rappeler la fréquence et la banalité de ces fantasmes de mort de l'analyste — (quel est le patient qui ne vous a pas fait avoir un accident de voiture ?) — et d'avoir évoqué par la même occasion nos façons les plus communes de comprendre analytiquement ce qui se rapporte à la mort.

Il semble ainsi, que lorsque l'analyste praticien entend prononcer le mot de mort ou qu'il en découvre quelque représentation symbolique dans le discours de son patient, il fasse appel automatiquement à l'une des trois clés suivantes :
— désir et crainte de la mort,
— identification au mort,
— représentation symbolique de la mort.

Puis selon ses goûts, son humeur ou la nécessité, il interprète dans l'un ou l'autre de ces trois registres à l'aide de l'une de ces trois clés. Pour plus de clarté, je vais reprendre brièvement chacune de ces perspectives.

Et d'abord, désir et crainte de la mort. Il s'agit principalement d'un désir de meurtre, désir de meurtre du père, c'est-à-dire d'un désir de donner la mort. Chacun sait maintenant lorsqu'il a subi la moindre tranche d'analyse qu'il a désiré tuer son père et coucher avec sa mère. C'est là certainement un point de toute première importance sur lequel il conviendrait de revenir. Freud nous rappelle ainsi (dans *Totem et Tabou*[2]), que dans la névrose

---

2. S. Freud, *Totem et Tabou*, Payot, 1967, p. 87, G.W. IX, 90.

obsessionnelle : « A la base de la prohibition se trouve généralement un mauvais désir, un souhait de mort formulé contre une personne aimée. » Il nous dit aussi que la crainte de la mort pour soi, puis pour les autres n'est que la conséquence de ce mauvais désir.

« Nous admettons, écrit-il de même, que cette tendance à tuer existe réellement. »

Ainsi, la tendance à tuer, qu'on a aussitôt confondue avec l'agressivité, constitue le point de fuite de tout ce qui se rapporte à cette perspective : meurtre du père, crainte de la mort pour soi et pour autrui, peur névrotique de la mort, culpabilité se rapportant à ce mauvais désir.

Dans un deuxième registre nous pouvons grouper tout ce qui se rapporte au thème de l'identification au mort. La source freudienne en est aussi explicite dans *Totem et Tabou* et surtout dans *Deuil et Mélancolie*[3]. C'est pourtant, au niveau qui nous intéresse pour l'instant, dans le texte de Fenichel[4] que nous trouverons les formulations qui résument le mieux le « savoir » psychanalytique commun de base (p. 476) : « Tout cela prouve qu'il y a identification au mort et qu'elle est perçue sous forme d'une incorporation orale semblable en moins grave à celle qui a lieu dans la mélancolie » et (p. 477) : « On peut dire en conclusion que le deuil est caractérisé par l'introjection ambivalente de l'objet perdu. » Dans cette perspective nous pourrions assurément nous attacher, après d'autres excellents auteurs, à approfondir la signification du concept d'identification, et l'on parle volontiers d'identification à un parent mort, à un frère ou une sœur : nous pourrions aussi tenter de dégager par-delà son illustration mythologique tout ce que recouvre la notion d'introjection : introjection et incorporation, introjection partielle, objet introjecté allié au moi ou au surmoi suivant les cas, autant de problèmes que pour aujourd'hui nous laisserons de côté.

Nous ne nous arrêterons pas plus sur la question du travail du deuil auquel D. Lagache a contribué par une étude ethnologique

---

3. S. Freud, « Deuil et mélancolie », in *Metapsychologie*, Gallimard, coll. « Idées », pp. 147, 174, G.W. X, 427-446.
4. O. Fenichel, *La Théorie psychanalytique des névroses*, P.U.F.

de la plus fidèle tradition freudienne [5], travail duquel il nous promet pour un avenir très proche le complément clinique [6].

Enfin dans une troisième rubrique, nous pourrions rassembler tout ce que l'expérience analytique a pu nous apprendre d'équivalences symboliques de la mort; ainsi, comme nous l'avons déjà évoqué, le silence, le sommeil, l'immobilité, mais aussi l'autre rive, l'au-delà du fleuve, ainsi que toute l'imagerie qui constitue le royaume des morts ou s'y rapporte : gisants, cadavres plus ou moins rongés comme en montrent les statuaires de la fin du XV$^e$, squelette, crâne, faux, chariot, de même que nous pourrions rassembler ou dépouiller tout ce que des auteurs avisés ont analysé au sujet des rites funéraires. Ce n'est pas non plus dans cette voie que nous nous engagerons pour aujourd'hui.

Si je néglige ainsi tant de sujets passionnants, si je ne fais qu'évoquer ce que vous vous attendiez peut-être à voir développer, c'est qu'il me semble, en un mot, que tout l'intérêt des analystes, Freud excepté, s'est principalement porté, quant au sujet qui nous occupe sur le *thème* de la mort, comme s'il s'agissait, en la thématisant, de mieux la voiler; alors que ce que nous nous proposons ce soir c'est de réintroduire la *question* de la mort, telle qu'elle se pose, par exemple chez l'obsédé.

Certains penseront sans doute qu'il ne s'agit là que d'une querelle de mots et que la question de la mort peut n'être ainsi qu'un thème de dissertation. C'est évident. Mais c'est très précisément cette façon de voiler une question que nous voudrions éviter... et, je dois l'avouer, c'est là que commence la difficulté.

« Nous tendons de toutes nos forces à écarter la mort, à l'éliminer de notre vie. Nous avons essayé de jeter sur elle *le voile du silence* et nous avons même imaginé un proverbe « il pense à cela comme à la mort » (c'est-à-dire qu'il n'y pense pas du tout)... », écrit Freud en 1915 [7].

C'est Freud aussi qui introduisit quelques années plus tard un concept que la plupart des analystes eurent vite fait de réduire

---

5. *Revue française de psychanalyse*, 1938, n° 4, p. 693.
6. D. Lagache, « Deuil pathologique », in *La Psychanalyse*, n° 2, P.U.F. 1957, p. 45-74.
7. S. Freud, « Considérations actuelles sur la guerre et sur la mort », ni *Essais de psychanalyse*, Payot, 1970, p. 253.

à l'inutilité d'une excroissance théorique qui ne pouvait que perturber une juste et simple pratique. Aujourd'hui encore se comptent entre eux ceux qui *croient à la pulsion de mort* autrement qu'au Père Noël, par révérence pour la fantaisie et l'obstination du *vieux* Freud.

Mais nous arrivons en ce point, au-delà de notre savoir.
Arrêtons-nous donc, et reprenons pied.
Retournons à notre expérience quotidienne.

J'avais bien pensé un instant, sur la suggestion d'un de nos amis, à prendre pour thème d'analyse clinique, la fonction de mort au bridge. J'y ai renoncé à la fois parce que j'aurais craint de ne pas « faire sérieux » dans une réunion scientifique, et aussi, il faut bien le dire, parce que je suis un piètre bridgeur. Mais c'est je l'avoue, avec quelques regrets, car, réfléchissez un instant à la valeur exemplaire de cette fonction du mort : incontestablement, pour employer un terme de J. Lacan, nous avons là le quart personnage dont la présence crève les yeux; il est étalé, couché, exposé dans son entier, clos, fini, complet : c'est le seul qu'on voie dans une pareille nudité. C'est le mort, mais c'est justement parce qu'on le voit étalé et complet, celui en fonction duquel la partie s'ordonne : il est avec celui qui mène le jeu, et les adversaires se situent par rapport à lui, jouant dans sa force ou sa faiblesse — car il en a, bien que mort — selon que le vif adversaire se trouve placé avant ou après lui.

Mais laissons là le bridge, et revenons auprès du divan.

Jérôme était ce jour de joyeuse humeur et discourait sur l'art et la manière qu'avaient les Anglais de se débarrasser radicalement de leurs sujets assassins : en Angleterre on les pend... Vous connaissez les sentiments qui accompagnent ordinairement ces thèmes capitaux, mais là, ce qui frappe le plus Jérôme, c'est la formule que prononce le juge lorsqu'il rend son arrêt : « ... est condamné à être pendu par le cou, jusqu'à ce que mort s'ensuive. »

Eh bien, pour moi, ajoute-t-il, c'est comme si l'on m'avait dit un jour :

*Tu vivras jusqu'à ce que mort s'ensuive.*

Jérôme vit ainsi sous le coup de cette condamnation. S'il est bien évident dans un sens, que chacun de nous vivra jusqu'à sa mort, il n'en est pas moins curieux de se l'entendre ainsi rappeler alors que nous serions plutôt tentés de l'oublier. Mais ce qui est plus surprenant encore, c'est de l'entendre sous forme d'un arrêt, comme s'il se fût agi d'Adam lui-même dans le jardin d'Éden, alors qu'Ève venait de manger la pomme. Alors, nous dit l'Écriture : « Les yeux de l'un et de l'autre s'ouvrirent, ils connurent qu'ils étaient nus. » Et l'Éternel dans sa colère dit à l'homme : « C'est à force de peine que tu tireras ta nourriture tous les jours de ta vie... jusqu'à ce que tu retournes dans la terre d'où tu as été pris... » Adam le savait, car Dieu lui avait dit : « Tu ne mangeras pas de l'arbre de la connaissance du bien et du mal, car le jour où tu en mangeras, tu mourras. » Or pourquoi Jérôme lui, s'entend-il comme Adam tout particulièrement condamné :

*Tu vivras jusqu'à ce que mort s'ensuive ?*

et pourquoi surtout vit-il ainsi dans un bagne perpétuel, expiant sa vie jusqu'à la mort ? C'est une des questions que je me suis posées après tant d'autres qui se sont intéressés au monde de l'obsédé.

Certes nous pourrions retrouver chez Jérôme, amplement développé, le thème de la mort du père. Il a vécu ses premières années sous le signe de l'absence du père qui faisait la guerre contre les Allemands. Il les tuait pour ne pas être tué, ce qu'il risquait quand même et que la mère de Jérôme craignait, bien naturellement. Le père revint de la guerre gazé, fatigué, diminué bien que vivant tout juste assez pour lui donner trois ans plus tard une petite sœur qui naquit aussi noire qu'une négresse... ou qu'autre chose, tant ses abondants cheveux noirs fixaient la vue de chacun. Que Jérôme eût préféré certaines fois la voir morte plutôt que vive, objet à mettre en caisse ou à brûler, c'est ce dont témoignèrent de nombreux fantasmes avant qu'il ne la tuât purement et simplement dans son souvenir en l'oubliant; nous ne l'avons retrouvée en fait qu'après quelques mois d'analyse.

Il est non moins évident que Jérôme ne put jamais réussir mieux dans son progrès que de prendre la forme, l'apparence et la voix de son père, *faute de pouvoir devenir son fils comme il l'aurait assurément souhaité* : il me rapporte ainsi une scène particulièrement dramatique : il a douze-treize ans et il s'agit d'un vieux revolver qu'il a trouvé; discussion à table, dispute avec son père qui s'effondre littéralement en pleurant; de ce jour Jérôme se promet de ne plus jamais s'opposer à lui de sa vie.

Il est vrai enfin que dans le cours de la première année d'analyse Jérôme a perdu son père qui depuis un long temps déjà se mourait d'un cancer; il attendait résigné, l'anticipant parfois, la survenue de cette fin, et ce fut l'occasion de remarquer une fois de plus, devant le lit de mort, combien il avait réussi à en reproduire l'image; puis le père fut enterré dans le caveau de famille que notre patient avait « rangé » peu de temps auparavant en procédant lui-même à la réduction des corps qui s'y trouvaient.

Gardons-nous de nous arrêter là et de nous hâter de conclure.

Je voudrais au contraire saisir cette occasion pour analyser l'attitude de Jérôme devant le cadavre et je prendrais volontiers pour point central de ce fragment d'observation un rêve de l'enfance qu'il me rapporte dans le cours de son troisième mois d'analyse ; c'était un rêve qui l'avait beaucoup impressionné et dont il semble qu'il n'ait jamais perdu le souvenir. Nous avons eu l'occasion dans la suite de la cure, d'y revenir à plusieurs reprises, très précisément comme à une sorte de plaque tournante de nœud fondamental, qui conservera toujours une part d'irréductible mystère.

Nous nous trouvons dans une vaste salle autour de laquelle court une galerie couverte que coupe sans doute une loggia; atmosphère de clair-obscur. Porté par quatre hommes, s'avance un sarcophage ouvert; on distingue clairement et de tout près une momie parfaitement conservée dans ses bandelettes. Mais subitement, alors que la procession s'avance, *la momie se liquéfie ;* il n'y a plus dans le sarcophage qu'un jus rouge dont l'horreur se voile derrière la certitude que ce ne sont là que les onguents qui avaient servi à embaumer le corps.

Tel est le rêve de la momie.

Nous allons si vous le voulez bien nous attarder quelque peu sur ce rêve par le détour duquel je me propose de poursuivre l'analyse de l'implacable condamnation à vivre.

C'est un rêve très ancien, me précise Jérôme; il me l'a rapporté avec toute l'objectivité et l'indifférence d'un observateur impartial;

l'a-t-il rêvé plusieurs fois ou bien s'en est-il souvenu maintes fois pour nourrir ses fantasmes ? Il ne saurait me le dire.

Mais ce dont il se souvient c'est que ce rêve avait précédé ou suivi une visite au département des antiquités égyptiennes au Louvre ; il avait depuis longtemps désiré avoir une momie. De plus l'histoire égyptienne l'intéresse au même titre que tout ce qui peut éclairer le problème des *origines*; il aime les arbres généalogiques, les grandes synthèses historiques ; ce qu'il voudrait savoir exactement, c'est ce dont il est le terme, l'aboutissant, le résultat ; il regrette de n'avoir pas dans sa famille une galerie d'ancêtres qu'il puisse voir figurés ; alors pourquoi pas Ramsès II, puisque c'est de lui qu'il s'agit.

Il évoque aussi les mystérieux souterrains des pyramides ; il faut dire qu'il a gardé aussi vif qu'à douze ans, le goût des promenades dans les catacombes ou les grottes ; il rêve toujours de villes souterraines et goûte l'angoisse de la perplexité lorsqu'il se trouve en fantasme dans quelque carrefour souterrain où s'ouvrent sept portes mystérieuses.

Mais ce dont il m'a le plus souvent parlé, c'est de l'étonnement et de la satisfaction qu'il a de contempler la momie dans son apparence humaine ; témoin d'un passé vertigineux, immobile, protégée, conservée, elle est l'image même de ce qui perdure.

Dans un autre rêve, il spécifiait et précisait ce qui le fascinait ainsi : dans une grotte monumentale, il découvre un splendide gisant de marbre noir dont la contemplation le ravit. C'est l'image même de la perfection d'une forme achevée, définitive qui ignore le temps. Dans un autre songe enfin il voit un guerrier qui a trouvé la protection idéale : il est transformé en homme de goudron, c'est-à-dire recouvert d'une armure sans défaut, résistante aux intempéries et, qui plus est, peut servir à l'occasion, de projectile particulièrement meurtrier.

Jérôme se pose souvent la question du mouvement, et l'image de la momie animée par ceux qui la portent représente excellemment le mouvement passif, subi en bloc par le fait des autres. Ce serait évidemment le lieu de parler des mouvements complexes de l'homme dans le train et surtout de l'homme dans son auto ; chaque voyage en auto, me dit-il, c'est, en même temps que la satisfaction de se trouver dans une caisse bien close, la possibilité constamment présente de l'accident mortel. Mais il serait trop long de s'arrêter ici sur le complexe moteur de l'homme et de son moteur. Je préfère vous rapporter cette image très suggestive que me livre Jérôme : « *Moi, pour que je tienne, il faut que je tourne à 3 000 tours-minute.* » Et lorsqu'il dit « pour que je tienne », il exprime bien par là le souci de cette cohérence, de cette unité à laquelle il tient tant parce qu'il craint à chaque instant de se dissoudre dans quelque chose qui ne serait pas seulement un morcellement, mais bien autre chose. Tourner à 3 000 tours-minute, c'est réellement pour lui une exigence vitale car ce rythme seul lui donne l'apparence et les propriétés d'un solide. « Si je m'arrête un instant, me dit de même un autre patient, *j'ai peur de tomber en poussière* », « cette poussière dont nous sommes faits », ajoute-t-il.

Qu'il s'agisse de la contrainte de ce mouvement interne ou de la passivité de la motilité externe, de son déplacement dans l'espace, ce que je remarque dans ce mouvement que l'on dit être l'image de la vie, c'est qu'il est toujours subi.

Et il en est ainsi de toute sa vie; Jérôme vit par procuration, il aime organiser — c'est d'ailleurs son métier — animer les entreprises qu'il visite, organiser des réunions, des voyages, faire de la mise en scène, il est prêt à tout, pourvu qu'il « ne soit pas dans le coup ». Pareil à Iconéphore dont j'ai rapporté ailleurs le fantasme de la cité enchantée [8], il ne vit qu'à l'intérieur des murs de sa cité et son horreur du réel est sacrée. « J'étais sur les bords du lac de Garde, me dit un jour Jérôme; le site était assurément admirable, mais j'y étais insensible; croyez-moi, je suis plus ému devant une belle carte postale ou devant les photos de mon voyage. »

Pourquoi, me direz-vous, nous rappeler ainsi à propos de Jérôme ce que nous connaissons chez tout obsédé : leur goût pour les statues, leurs problèmes automobiles ou leur façon de prendre des vacances avec un Leica ? C'est justement parce que cela aussi, nous le savons trop bien.

C'est ainsi que par une chaude journée où l'air est immobile,

---

8. « La fonction imaginaire du doute dans la névrose obsessionnelle » in *Entretiens psychiatriques*, 1955, éd. de l'Arche, pp. 193-220.

les jeux d'eau du parc endormi nous semblent autant de guirlandes peintes; mais qu'un souffle se lève, et vous penserez un instant qu'une gomme indiscrète estompe l'ordonnance linéaire du dessin avant de vous souvenir que ces jeux sont un jaillissement.

Rien n'apparaît en effet plus immobile que la cité d'Iconéphore ou que les camps retranchés et souterrains de Jérôme; les enceintes se succèdent, les portes blindées manœuvrent avec une précision horlogère et rien n'entre qui ne soit contrôlé, prédigéré, prêt à être assimilé à cet univers de formes. C'est au cœur de ce monde que nous trouvons le sarcophage comme ultime boîte de pierre; il est ouvert, on voit la momie, le cadavre qui a gardé l'apparence humaine, celui qui est beau, qui rassure, joliment enveloppé de bandes.

Mais attention, Jérôme me l'a dit, nous sommes ici au bord de l'innommable; ce n'est plus qu'un mince sac de peau qui nous sépare là de l'effroi. C'est ce qu'il m'exprime, plus clairement encore dans un rêve plus récent que je vous livre textuellement sans l'analyser plus avant :

« Sur l'entrepont d'un bateau, un homme se tient, qui va être tué « *parce qu'il sait* ». Je pars pour ne pas voir. Je suis ennuyé parce que le cadavre va être découvert et que je n'aurai rien dit; son agenda, semblable au mien, est resté avec ses affaires. Puis on retrouve son cadavre gonflé dans la cale du bateau baigné d'eau et de fange. On essaie de le sortir, mais ceux qui le portent sont gênés par un dédale de planches verticales. On le porte d'un côté à l'autre de la cale. Il est gonflé, raide, noirci, très laid à voir, et il sent très fort. D'un moment à l'autre il risque de se crever. Impossible de s'en sortir. Le cadavre nous bloque entre les planches dressées. Je suis écœuré et prêt à vomir. Je me réveille tout tordu. »

Au cœur de ce monde, nous trouvons un mince sac de peau, prêt à se crever.

Or si nous en étions arrivés jusque-là c'est parce que nous avions su attendre et que nous n'avions pas trop « compris » en chemin. Nous nous étions en effet divertis pendant de longues séances avec des rêves et des fantasmes de membres épars, de mains et de pieds coupés, de chaudières à la Petiot et d'âcre fumée; autant de pénis coupés par un père qu'il aurait voulu menaçant, le tout à l'intention du psychanalyste prêt à s'en régaler; nous en discourions courtoisement, proprement, indifféremment pour tout dire; l'angoisse n'était pas là.

Elle fit irruption tout autrement, vous le devinez; nous étions au cinquième mois d'analyse quand un jour il me parla de « l'incommunicabilité », de ce *hiatus* qui sépare deux corps. Les mots qui nous servent à communiquer ne sont que des vibrations sonores : il se sent isolé, vide et froid, emmuré sans rien à dire de vrai. Certes, il avait été bouleversé à la vue de son père malade, mais de cet émoi il ne peut rien dire. Voir son père mourant, me confia-t-il plus tard, voir une chair qui souffre, même au cinéma, entendre le cri, car ce n'est pas une parole, de l'agonisant qui se plaint, est tout simplement intolérable. Ce jour il m'avait parlé sur un ton intermédiaire entre le reportage et la confession sans émotion à vrai dire mais souhaitant d'être, grâce à l'analyse, transformé « par le fond » pour pouvoir accéder enfin à la communication; ce fut sa seule parole vraie, et elle fut entendue.

En sortant de chez moi il allait ce jour voir son épouse qui venait de subir une intervention destinée à lui consolider le rachis, lorsque dans l'avenue, il fut littéralement terrassé par une douleur atroce dans son ventre, au cœur de ses tripes; il s'effondre sur un banc, silencieux; tout son être est mis en cause, et, pour un bref instant, se voit mourant. Puis surmontant sa douleur, il se « dédouble » aussitôt selon une technique familière, mais ici héroïque, et se traîne jusqu'à la clinique où se trouve sa femme. On l'examine; le médecin conclut à une crise de colique néphrétique et admire son courage. Aucun antécédent, rien à la radio. Aucune suite.

Il me raconte ce « mouvement de fond » à la séance suivante.

L'effroi le saisit aussi un jour alors qu'il s'était presque assoupi en cours de séance; le bruit d'une moto qui passe le fait sursauter; il le sent comme une force qui sort de son ventre et le déchire : il évoque les réveils en sursaut et la panique qui l'envahit tant qu'il ne s'est pas rassemblé, retrouvé, situé.

Dans ses rêves aussi, abandonnant les thèmes traditionnels de castration il voit un cercueil s'entrouvrir, ailleurs son père mort revivre un instant pour lui dire : « Tiens, c'est toi. »

Et pourtant, comme je vous l'ai signalé, Jérôme n'était pas « impressionnable »; il s'était, sans hésitation dévoué pour se livrer à la réduction des corps du caveau de famille. Le cadavre, ce n'est plus qu'une chose, un objet comme un autre, me dit-il : cadavre frais ou poussière, peu lui importe, alors que ce qui est littéralement insupportable, ce sont les étapes intermédiaires. Pendant sa captivité, il en vit des gelés, qu'on empilait comme des planches : « Ça me laissait froid », commentait-il.

Mais ce qu'il imagine de plus atroce, c'est de se trouver tout à coup, en ouvrant un placard, devant une chose informe, un objet inconnu, non identifié, qui vous surprend avant qu'on ne l'ait nommé cadavre; il pourrait, ajoute-t-il, en voir sans émotion une pyramide en pleine lumière, mais d'en découvrir un seul, dans une cave (bien entendu) sous le faisceau de sa lampe, chose sans nom à la forme incertaine, c'est très précisément ce qu'il faut éviter à tout prix de voir.

Ces sujets ne sont pas plaisants, j'en conviens, et vous m'excuserez d'avoir à l'instant cité textuellement Jérôme. La clinique, dont nous sommes si friands, a de ces exigences !

Nous sommes bien là devant les parfums aux reflets de pourpre qui servirent à embaumer Ramsès II.

Je vous ferai grâce d'images plus crues encore après vous avoir cité cette curieuse descente d'un tramway au cours de laquelle il mit le pied et glissa, non pas dans ce que vous pensez mais dans une sorte d'amas de tripes qui évoquait aussi le fœtus macéré... Arrêtons là.

Peut-être saisirons-nous mieux maintenant ce qu'entourent les remparts de la cité et les portes blindées des galeries souterraines. Car en effet *ce n'est peut-être pas en dehors des murs que se trouve la menace d'une créature chargée d'appâts ou d'un juge avec de grands ciseaux...* Tout cet amas de pierres évoque bien la sépulture.

Enfin, pour nous exprimer en une formule brève et peut-être un peu militaire, retenez que si l'on vous demande un jour à l'examen oral du 2ᵉ stage de 3ᵉ année du cycle préparatoire aux sept ans de scolarité de l'Institut de psychanalyse, si l'on vous demande à propos des mécanismes de défense :

« De quoi sont les bandelettes ? »

il vous faudra répondre sans hésiter :

« Les bandelettes sont l'objet des soins constants de l'obsédé en proie à la crainte de la liquéfaction. »

Nous voilà retombés en des lieux communs. Il y a beau temps me direz-vous que nous savons tous l'horreur qu'inspire à l'homme le cadavre de son semblable. C'est exact, et j'ajouterai que sans doute Jérôme le savait comme vous avant toute analyse de même que tel autre sait aussi avant toute analyse qu'il a jalousé son frère et qu'il était passionnément amoureux de sa mère.

Peut-être pensez-vous enfin que nous aurions pu aborder la question de la mort par quelque autre biais que celui du cadavre ? Peut-être, mais je n'en ai, quant à moi, aucune certitude, et de toute façon il faut bien reconnaître que c'est le chemin par lequel Jérôme nous a conduit dans son analyse.

Une question subsiste donc au point où nous en sommes : de savoir pourquoi cette horreur de la décomposition du cadavre qui semble être un sentiment si naturel et commun se trouve là investi sans doute de quelque fonction particulière au cœur des fantasmes de Jérôme, au centre de son analyse. C'est une question que nous laisserons provisoirement ouverte, car ce qu'il nous importe d'avoir montré par ce fragment clinique c'est l'effroi qui gît au cœur de celui qui se veut condamné à « vivre jusqu'à ce que mort s'ensuive ».

Qu'un tel effroi soit bien proche de l'angoisse, c'est ce que Freud nous rappelle dans son analyse de « l'inquiétante étrangeté », et il faut, à ce propos, bien reconnaître que l'angoisse fondamentale de la mort semble, dans la littérature analytique, avoir été souvent délaissée au profit de l'angoisse « originelle » du traumatisme de la naissance.

Voilà donc dégagée une image formatrice, pôle d'attraction ou de répulsion que Jérôme nous découvre comme un nœud de son être. Qu'elle soit vouée au même destin que la momie, découverte, exposée puis dissoute, c'est bien ce que peut espérer l'analyste. Mais pour l'instant elle est là, exposée devant nous : profitons-en.

Reprenons un instant le thème familier du gisant qui recouvre le tombeau; les masses de pierre sont énormes et le tout est taillé dans de grands monolithes; ici le tombeau est parfaitement scellé; le tout se trouve dans une grotte à laquelle on accède par un souterrain qui s'ouvre dans un terrain vague jonché de détritus... D'une certaine façon, ce rêve est associé pour Jérôme avec le souvenir d'une colère incompréhensible qui le saisit alors qu'on lui interdisait pour un instant l'abord de l'autel d'une Vierge noire qui se trouve dans une crypte sous le chœur de la cathédrale.

Être structuré à l'image de ce tombeau c'est assurément ce dont il rêve, car rien ne saurait assez sûrement protéger l'inquiétante fragilité du « sac de peau » auquel certaines fois il se voit réduit, quand à la suite d'Adam, *il voit qu'il est nu*. Coque de goudron ou chambre forte, champ clos de sa captivité ou salle souterraine, intimité de la chambre ou du cabinet de l'analyste, tombeau, mausolée, cathédrale construite sur une crypte, rien ne sera jamais assez lourd, assez hermétique, assez bien agencé pour cacher ce qu'il ne faut pas voir, pour empêcher que ne se répande ce qui doit être maintenu et caché.

C'est ainsi qu'avec son tombeau, Jérôme s'allonge sur mon divan.

Quand il l'entrouvre alors pour me parler d'outre-tombe il n'a qu'une ambition, semble-t-il, c'est de me persuader que

*Les jeux sont faits.*

N'est-il pas déjà au tombeau?... ou presque, emprisonné jusqu'à ce que mort s'ensuive. Il ne cesse de me redire qu'il n'y a pas d'avenir mais un passé à « liquider », un retard à rattraper, écoutez-le : « Je voudrais réussir une fois à être à jour; je voudrais liquider tous les dossiers qui s'empilent à ma gauche pour pouvoir enfin respirer; lorsque j'y réussis, l'angoisse me prend et il me faut bien vite reprendre une autre tâche inachevée; je m'épuise à rattraper mon retard, car le travail que j'entreprends devrait déjà être accompli. Je n'ai pas de temps libre : *il n'y a pas de dimanche pour moi.* »

Qu'il s'agisse d'identification ou non, ce qui est certain, c'est que Jérôme *se voudrait déjà mort* et surtout *vit comme s'il était déjà mort.*

Il est le terme d'une lignée, il ne peut pas avoir d'enfants, il est l'aboutissement, la conclusion, *déjà-fini*, il n'y a plus d'avenir pour lui et ce qui lui reste à vivre est déjà rempli de tâches à accomplir, de dossiers à classer, d'affaires à liquider, de problèmes à mettre à jour; dans les voyages tout est réglé d'avance et ce n'est qu'en voiture, de nuit, qu'il se sent vivre un peu lorsqu'il découvre dans le champ de ses phares une route qui s'ouvre toujours à de nouveaux périls mortels... un peu comme l'analyse.

Iconéphore, plus catégoriquement encore que Jérôme, affirmait, lui que « les jeux sont faits », que son univers est fermé, terminé, définitivement clos et organisé, que pour le reste c'est trop tard et que d'ailleurs il n'a rien à ajouter; sur quoi il concluait : « Et c'est tout. »

Heureusement ils savent tous que leur présence sur le divan affirme — oh! bien discrètement — le contraire, et nous signifie par là même qu'une porte reste ouverte et que tout cela n'est qu'un appel à qui sait l'entendre.

Jérôme s'exprime encore autrement que par des images automobiles pour me dire son désir et sa crainte. Ainsi, en termes « voyeuristes » : « Comment voulez-vous que j'en sorte : je suis comme cet homme qui ne peut retrouver ses lunettes, puisque sans elles il ne voit pas... Il est vrai que celui qui les a sur son nez ne les voit pas non plus »; ou encore, commentant son attente : « Je suis comme un aveugle qui voudrait savoir ce qu'il va voir avant de retrouver la vue. »

Ailleurs enfin, il s'exprime en philosophe : *Je voudrais quand même retrouver* LA POSSIBILITÉ *d'utiliser toutes mes possibilités.*

Peut-être aurai-je l'occasion en une autre réunion de vous exposer de façon plus systématique le cas de Jérôme et son heureuse évolution, mais pour aujourd'hui, me limitant au thème central de la mort formulé dans le « tu vivras jusqu'à ce que mort s'ensuive », j'arrêterai mon exposé clinique sur ce *désir* de retrouver la possibilité d'utiliser toutes ses possibilités.

Jérôme par ces mots a le mérite de proposer la catégorie du *possible* dans notre expérience analytique et je formulerai volontiers à sa suite que *la structure obsessionnelle peut être conçue en tant que refus redoublé de la possibilité ultime de sa propre mort.*

Ce qui équivaut à une fausse acceptation anticipée qui voudrait faire de celui qui la supporte quelque chose de déjà-fini.

Ce serait assurément le lieu de reprendre notre épigraphe « avant tout les obsédés ont besoin de la possibilité de la mort pour résoudre leurs conflits » et de la comprendre sur le fond de cette autre réflexion de Freud : « Notre inconscient ne croit pas à la possibilité de sa mort », car *l'inconscient*, ajoute-t-il, et nous y reviendrons, *ignore la négation.*

Ce serait enfin l'occasion de méditer en termes heideggériens sur « notre possibilité absolument propre, inconditionnelle, indépassable », possibilité qui est précisément celle de « l'impossibilité de l'existence en tant que telle », ce qui peut se résumer en ces mots :

« La possibilité de ma mort me révèle ma possible impossibilité et même la possible impossibilité de toute existence humaine en général. »

Peut-être pensez-vous que nous quittons là le cadre d'une saine clinique. C'est... possible. Mais je souhaitais par cet aperçu trop bref vous introduire au niveau d'une véritable dimension du problème du possible ou de la mort chez l'obsédé.

Je ne saurais maintenant mieux faire que, comme je vous l'avais promis, de situer une nouvelle fois le problème que nous tentons d'aborder. Nous savons qu'à travers les symptômes, des questions nous sont posées.

Je comparerai donc le rêve de Jérôme au fantasme d'Isabelle qui, comme vous le devinez, est une hystérique. La question, angoissante, presque insupportable surgit en Isabelle, à la limite d'un sentiment de dépersonnalisation dans une étrange et envahissante expérience cœnesthésique : elle est comme un serpentin de papier coloré, de ceux qu'à la fête de la veille, elle a déroulés en guirlande en jetant des confettis ; mais au lieu de dérouler le disque, on le presse en son centre et il devient ce cône fragile, pic ou cratère qui s'anime maintenant d'un mouvement de va-et-vient en même temps que l'angoisse la submerge. Le serpentin d'un soir, papier fragile et coloré, *pose, en creux ou en relief la question d'Isabelle.*

Tout autre, les bandelettes de Jérôme : c'est sa momie. Appelle-moi « ma mie », disait-il à quatre ans à sa mère en se blottissant dans son sein, appelle-moi ma mie et je serai heureux : *et pour que dure le bonheur de ma mie il s'est fait mort de ma mie et momie.*

Certes, chacun sait que la momie, dans le dictionnaire des rêves, peut aussi signifier « pénis », évoquer les « poupées » des circoncisions tardives ; mais ce sens je l'ai précisément trouvé chez Victor, un hystérique dont le père avait vécu ses derniers mois dans une coquille plâtrée, et qui fut, lui, vers sept ans, circoncis en même temps que son frère sous les yeux de sa mère, la veuve inconsolable.

Je ne pense pas que la momie de Jérôme qui contient à grand-peine en ses bandes des flots d'angoisse soit l'équivalent de la poupée de Victor, et tout l'oppose à mon sens, au serpentin d'Isabelle.

Car la question que pose Isabelle, en creux ou en relief, étalant toute son angoisse peut se formuler dans notre sobre langage :

*Suis-je un homme ou une femme ?*

La question que nous pose Jérôme en contenant tant bien que mal son effroi entre le gisant de marbre et le jus informe pourrait s'articuler ainsi :

*Suis-je mort ou vif ?*

Vous voyez, je pense, qu'alors qu'Isabelle parle de son sexe, Jérôme lui, parle de son existence ainsi que J. Lacan l'a remarqué d'une façon générale pour l'hystérique et l'obsessionnel. Voilà donc dans la bouche d'Isabelle et de Jérôme deux grandes questions que, comme eux bien d'autres patients nous posent :

« Suis-je homme ou femme ? »

« Suis-je objet ou sujet ? »

Ce sont des questions, ou si vous préférez, des *symptômes*. « Les caractères essentiels de la formation du symptôme névrotique ont été étudiés depuis longtemps et je l'espère, établis de façon incontestable. Le symptôme serait le signe d'une force pulsionnelle restée inassouvie et le substitut de sa satisfaction adéquate » nous affirme Freud au début d'*Inhibition, symptôme et angoisse*.

Quelles sont ces forces pulsionnelles qui peuvent rester inassouvies ?

« Après de longues hésitations, de longues tergiversations, nous avons résolu de n'admettre que deux pulsions fondamentales, l'Éros et la pulsion de destruction... Le but de l'Éros est d'établir de toujours plus grandes unités afin de les conserver ;

le but de l'autre pulsion au contraire, est de briser tous les rapports, de détruire toutes choses. Il nous est permis de penser de la pulsion de destruction, que son but final est de ramener ce qui vit à l'état inorganique, et c'est pourquoi nous l'appelons : *pulsion de mort*. » J'ai cité Freud de l'*Abrégé*; il poursuit : « ... L'analogie de nos deux pulsions fondamentales nous entraîne dans la région de l'inorganique jusqu'à la paire contrastée qui y règne : l'attraction et la répulsion »; il ajoute en note qu'Empédocle d'Agrigente « avait déjà adopté cette façon de considérer les forces fondamentales ou pulsions, opinion contre laquelle tant d'analystes s'insurgent encore ».

Je vous ai cité ce texte un peu rude de 1938, de préférence à d'autres, plus freudiens, si l'on peut dire, des années 20 ou 21, parce qu'il porte la marque d'une résolution que dix-huit ans de lutte contre tant d'analystes n'ont fait qu'affermir.

Toute l'histoire de l'analyse le montre : « Pour trouver un représentant d'Éros — je cite Freud — nous n'éprouvons pas le moindre embarras; en revanche sommes-nous déjà on ne peut plus contents de pouvoir envisager le penchant à la destruction auquel la haine fraie le chemin, comme représentant de la pulsion de mort dont il est fort difficile de se faire une idée plus ou moins concrète [9].

Or il me semble que c'est très précisément ce à quoi Jérôme nous aide, à nous faire une idée plus ou moins concrète de la pulsion de mort et de son rôle dans la dynamique de la névrose obsessionnelle.

Lorsqu'à plaisir il se cadavérise, lorsqu'il s'isole et se protège, s'annule ou se morcelle en autant de membres ou d'ossements, ne nous montre-t-il pas cette force qui le fait tendre à la stabilité de l'inorganique sous l'aspect du gisant de marbre, ou celui, plus incertain, de la « momie de ma mie ». Point n'est besoin de plus grande unité que la sienne, car en tant que pierre, elle se conservera.

Si Jérôme se voit gisant ou momie c'est aussi qu'il se veut perdurable, et, pourquoi pas éternel? Il en est du temps pour lui comme du paysage qu'il a pu contempler pendant ses vacances :

---

9. S. Freud, *Le Moi et le Ça*, in *Essais de psychanalyse*. Payot, 1970, p. 213.

il ne le voit vraiment et ne s'en réjouit que sur la photo qu'il a prise ; ainsi, il ne vit pas dans le présent, et ne cesse de le redire, mais ce qu'il fait c'est *qu'il mesure le temps* ; en ce sens, vous comprenez que le passé lui soit d'un maniement plus commode que le futur qui, d'ailleurs, n'existe qu'à peine en tant que tel. Il est bien certain que sa mort n'arrêtera en rien le *temps chronométrique* et c'est ce qui importe pour lui. C'est véritablement un temps spatialisé qui maintient le sursis de la vie comme un cadre, et pour lequel la mort n'est qu'une borne frontière déjà virtuellement atteinte.

C'est dans ce milieu et cet espace qu'éclosent aussi les amours éternelles, plus fortes que la mort. Comment ne pas évoquer à ce propos la position religieuse dont nous savons qu'elle ressemble en plus d'un point à la névrose obsessionnelle.

La crainte de la mort est à leur horizon commun. Si Freud insiste surtout dans *Totem et Tabou*, sur le « tu ne tueras point », qui répond là à quelque désir « naturel », on peut ainsi considérer en l'une et l'autre deux façons d'accommoder la mort pour n'en faire que le terme d'une étape dans une aventure qui doit se poursuivre au-delà.

Pour Jérôme, le temps chronométrique de sa vie est rempli ; il ne lui reste qu'à liquider les tâches accumulées ce qui ne saurait lui laisser de répit ; comme celui qui se sent près de la fin, il met de l'ordre dans sa vie, indéfiniment. Que ce monde spatialisé, rigoureusement ordonné, soit celui-là même qui soutient, étend, supporte et constitue le corps même de Jérôme, comme les pyramides contiennent les momies, c'est ce qu'en plus d'une occasion il nous a signifié de la façon la plus claire ; que cette spatialisation du temps, cette sorte de *gélification du devenir* soit le fait, en partie, des pulsions de mort, c'est ce dont je suis bien persuadé ; et vous comprendrez enfin que, dans un tel milieu, les processus d'identification acquièrent eux-mêmes une sorte de rigidité cadavérique, dont l'animation ne vient que d'un perpétuel jeu de miroirs.

Détail piquant : Jérôme qui vit ainsi dans une grande nécropole et s'occupe à mesurer ou ordonner ce qui, de vif, peut se présenter à lui, Jérôme a un grand souci : il veut redonner vie aux pratiques religieuses ; il lutte contre la sclérose d'une partie du clergé, participe au renouveau liturgique, milite sur le plan social ; il s'agit au moins de faire vivre les autres, d'en profiter un peu par procuration, un peu, l'image est de lui, comme le metteur en scène d'un théâtre de marionnettes.

Certains s'étonnent encore que les analyses d'obsédés soient longues ; comment ne le seraient-elles pas ? Ils sont déjà dans l'éternité du mouvement perpétuel.

Vous savez combien ce souci du mouvement perpétuel tient profondément au cœur de l'obsédé ; il serait plaisant de nous y arrêter, mais je préfère, pour l'instant, vous mener par un des souterrains secrets qui mène au cœur de la pyramide.

Je vous ai dit tout à l'heure que Jérôme mettait de l'ordre dans sa vie — et l'analyse devait, selon lui, l'y aider — pour que tout soit bien rangé à la fin. Mais il est une question qui, depuis l'âge de dix ans environ, ne cesse de le troubler : à ce moment déjà, il craignait de mourir dans la nuit et tentait d'imaginer comment le monde continuerait à « tourner » sans lui ; c'était l'occasion d'interminables fantasmes délicieusement angoissants ; mais une question s'ajoutait aussitôt à ces rêveries :

*Et si je n'étais pas né ?*

Si je n'étais pas né ; si je n'avais pas pris corps et forme, solidité et consistance ; si je n'étais resté qu'un désir inassouvi, un liquide sans forme ? Là, l'angoisse se faisait plus pressante et le vertige le saisissait ; il ne pouvait jamais poursuivre bien loin la représentation du monde où il ne serait pas né. Mais, au fait, est-il vraiment né aujourd'hui, questionne-t-il subitement ? Est-il vraiment venu à la vie.

Nous sommes là de nouveau au seuil du labyrinthe, au bord de la pyramide. Ou bien, pour user d'une image plus récente, il est comme le général qui connaît parfaitement et dans leurs moindres détails les plans de la ville qu'il assiège et qu'il doit occuper : il sait exactement ce qu'il peut faire pour y réussir... Mais il reste figé comme une statue. C'est ainsi que les pulsions de mort vous figent sur place un général en l'empêchant de passer à *l'attaque*.

Cette question fondamentale de Jérôme et l'angoisse « cosmique » qui l'accompagne nous situe une nouvelle fois la question de l'obsédé, sous un jour peut-être plus vif,

*Être ou ne pas être.*

Jérôme n'était pas général; sous-lieutenant plus modestement, mais c'était un bon militaire; il avait de l'autorité, comprenait ses hommes, trop peut-être, il payait de sa personne. Il fit cinq ans d'excellente captivité, sans songer jamais à s'enfuir : il organisait des groupes et des conférences, montait des spectacles, bref vivait à pleins tuyaux...

Mais un jour, dans un grand désordre, Jérôme fut libéré, et pendant quelque temps erra sur les routes à la recherche d'un centre organisé. C'est ainsi qu'il fit une rencontre terrifiante : sur la même route, en sens inverse, *un homme* venait à sa rencontre; s'il avait l'air militaire, l'allure composite de son uniforme ne disait guère s'il était ami ou ennemi... Jérôme avait sur lui quelque nourriture et un pistolet; l'autre homme aussi. Jérôme pense beaucoup, en tourbillon; il ralentit son pas, s'arrête une seconde, repart lentement, l'autre approche, il semble hésiter aussi; autour d'eux la campagne est déserte. Comment est son visage : hirsute; a-t-il l'air humain? Ils sont là à cinq mètres à peine, l'autre ouvre la bouche; il est Allemand et se cache pour vivre... Bon, il ne veut rien, et chacun continue sa route. Ils sont maintenant dos à dos. Jérôme est transi d'effroi; il pense : il va sûrement tirer, pour que je ne le dénonce pas, pour prendre mes habits, ma nourriture; il n'ose ni se retourner, ni courir... Il attend et marche...

C'est ainsi que Jérôme tout seul rencontre un homme tout seul.

Il en a beaucoup rêvé depuis; voici comment. Il se trouve en face d'une grosse brute hirsute que, par mégarde, il contrarie. Ils vont se battre; d'accord, jusqu'à la mort, mais... *pour rire.* Je veux bien, disait-il ailleurs à un Allemand qui le menaçait de sa mitraillette, je veux bien que tu me tues, mais gentiment, sans te fâcher; et dans telle autre poursuite qui évoquait la rencontre, il précisait : ce n'est pas son arme qui me faisait peur, mais son visage dont l'expression de colère me glaçait d'effroi.

Sans doute, Jérôme sur cette route s'était-il aperçu qu'il était seul, fort démuni, et qu'il n'avait pas pu emmener son tombeau.

S'il est horrible de voir un cadavre se liquéfier à travers un cercueil entrouvert, il est non moins effrayant pour Jérôme de voir un homme vif alors qu'il est lui-même hors de son tombeau.

Faut-il vous dire que je n'ai jamais pu entraîner Jérôme en rase campagne pour me retrouver avec lui dans cette situation privilégiée où il ne parlait plus d'outre-tombe, mais se taisait pour de vrai !

Je crois que nous avons là l'amorce imagée d'une théorie des rapports de l'obsédé à son semblable, qui peut en attendant que quelqu'un s'y consacre, se résumer en quelques images ; voici trois situations types qui peuvent à l'occasion guider notre pratique :

*La première* : Jérôme nous parle « en différé » — selon une expression qui n'est pas de lui — de l'intérieur de sa pyramide. Inutile de lui répondre « en direct », il ne reçoit aussi qu'en différé.

*La seconde* : Jérôme vous transforme en tronc d'arbre mort, entrouvre les planches de son cercueil et vous parle, mais à condition que vous fassiez le mort. Si vous parlez, la prison se referme.

*La troisième* : vous vous rencontrez face à face, c'est-à-dire que par hasard, il oublie de refermer sa prison quand vous répondez au cas précédent. En ce cas même, inutile de vous fatiguer, car c'est « pour rire », c'est pas « pour de vrai ».

Si ces trois images sont un peu simples, j'en atténuerai la trop grande rigueur par un autre rêve où Jérôme condensait en peu d'images, ce dont il s'agit ; c'est aussi un cauchemar ancien : il tue quelqu'un, affectueusement, en le tenant par le cou et lui tapant sur le crâne. Mais l'autre n'arrive pas à mourir et alors qu'il est déjà bien mal en point, demande à vivre... Est-il trop tard ?

Nos règles techniques pourraient souvent se formuler en tableaux de ce genre. Aussi voudrais-je vous rappeler sous ce prétexte technique, l'excellent fantasme du crocodile que je vous ai rapporté tout au début, ce qui me permettrait de dire, que, pratiquement et « dans le concret » de la séance, si l'obsédé se veut mort, l'analyste lui, comme le rappelle Lacan dans son discours de Vienne [10], l'analyste lui, fait le mort, et que ce faisant, et le sachant,

---

10. « La chose freudienne », in *Ecrits*, éd. du Seuil, 1966, pp. 401-436.

je crois qu'il use de la bonne technique avec l'obsédé, lui permet par là même de soulever le couvercle de son tombeau et de *risquer un œil avant de risquer un mot.*

Il serait temps, je pense, de faire le point et de considérer une dernière fois notre discours avant qu'il ne glisse dans les abîmes d'un silence réfléchi, pour y fleurir ou s'y dissoudre.

Mais au fait, de quoi faire le point ? Des problèmes négligés ou des questions ouvertes ?

Je vous ai fait visiter le chantier et raconté des histoires d'obsédés. Je vous ai parlé de la mort, du temps, de la possibilité et de la négation ; vous avez vu des crocodiles, des momies, des pyramides et des fœtus macérés.

Peut-être était-il nécessaire, peut-être était-il sacrilège de soulever ce voile dont parle Freud et qui couvre la mort de silence.

Sortons du désordre des coulisses et installons-nous de l'autre côté de la rampe.

Baissons le rideau.

Et maintenant, en attendant qu'il se relève un jour sur le spectacle que l'on vous a promis et que vous n'avez pas vu, nous allons dessiner sur sa toile ce qui se prépare de l'autre côté, une sorte d'allégorie qui résume le drame que l'on répète... Imaginez ce que nous avons peint :

*Œdipe, à la croisée des chemins, fait le Sphinx.*

# *Philon*
# ou
# *L'obsessionnel*
# *et son désir* [1]

> Depuis qu'une jeune fille passionnée avait maudit et sanctifié mes lèvres (car toute consécration renferme l'une et l'autre) je m'étais gardé assez superstitieusement d'en embrasser aucune, de peur d'exercer sur elle quelque influence fatale.
>
> GOETHE, *Dichtung und Warheit*.

Un voile, aussi transparent qu'infranchissable semble séparer le sujet obsessionnel de l'objet de son désir. De quelque nom qu'il le nomme, mur d'azur, de coton ou de pierre, il le ressent, et nous le dit, comme une *coque de verre* qui l'isole de la réalité.

Il passera une soirée auprès de celle qu'il aime sans réussir jamais à la tenir en ses bras; sa main, plus pesante qu'un roc, n'arrivera pas à joindre sa taille, ses lèvres bavardes n'atteindront pas les siennes; et, si d'aventure il la saisit de quelque façon, c'est pour voir le charme s'évanouir et son désir s'éteindre bientôt. Plus impitoyable qu'un mur, c'est vraiment un *sortilège* qui là s'interpose. Malédiction qu'évoque notre exergue, dire de bonne ou mauvaise fée, assurément parole abyssale qui consacre, c'est là ce que toujours joint au désir, nous retrouvons chez l'obsessionnel. Sans doute en est-il de même pour le grand *obsédé*, et nous pourrions reconnaître, plus manifeste encore chez lui, l'impasse du désir dans la parole pétrifiée du symptôme, gel de sortilège.

Mais nous limiterons ici le champ de notre recherche à ce type qu'est l'*obsessionnel*, déjà connu par son caractère et décrit dans

---

[1]. Conférence faite au Groupe de l'évolution psychiatrique le 25 novembre 1958 et publiée pour la première fois dans *l'Évolution psychiatrique*, éd. Privat-Didier, n° 3, 1959, p. 383-411.

son monde, modèle achevé, pourrait-on dire, de l'homme dans sa prématuration essentielle.

Ainsi, rien ne distingue ordinairement Philon aux yeux de ses semblables ; c'est une surprise pour chacun d'apprendre qu'il fréquente le psychanalyste : « Vous, lui dit-on, qui donnez l'exemple de la sage réflexion, comment se peut-il ? » C'est vrai, Philon paraît sage, et l'on fondait en lui de grands espoirs. Célibataire, il a trente ans environ. Je ne dirai que peu de choses de son histoire, bien que ce soit un fragment de son discours que j'ai choisi de rapporter ici.

Il tient le milieu d'une famille de cinq enfants ; ses parents sont morts voici bientôt quinze ans, l'un après l'autre à peu d'intervalle. Son problème est de savoir ce qu'il va faire dans la vie, et, pour le reconnaître, il suffit d'imaginer toutes les alternatives devant lesquelles il est possible de s'arrêter sans jamais choisir. Déjà à l'âge le plus tendre, répète-t-il volontiers pour user un peu plus le calembour, il ne savait à quel sein se vouer ; cela n'a pas changé : l'enseignement ou le pétrole, les ordres ou le mariage, pourvu que ce ne soit pas lui qui décide. Il ne se réserve que le privilège d'exposer — à qui veut l'entendre — son doute, et surtout, celui de contester, d'annuler la décision de l'autre. C'est, avec celle d'être aimé et celle d'aboutir à l'échec, l'une de ses trois grandes passions.

D'une longue observation, nous ne rapporterons ici qu'un extrait littéral de séance : il a trait au lien qui unit Philon à sa mère.


Philon avait-il haï son père, souhaité partager le lit de sa mère, jalousé ses frères ? Oui, sans doute. Mais comment, en particulier, c'est là que l'analyse devint plus ardue.

Ai-je tort de penser que les éléments du complexe d'Œdipe sont déjà devenus des « idées reçues » ? Ainsi le désir du petit garçon pour sa mère, de la petite fille pour son père, les rivalités corrélatives de ces passions sont invoqués hors même des cercles psychiatriques comme arguments et non plus comme questions.

Et pourtant, si nous prenons la peine de nous arrêter sur cette idée hier encore neuve qu'est le désir du petit garçon pour sa mère, il n'est pas douteux que des questions surgissent, celles même qu'en des temps désormais historiques invoquaient ceux qui criaient au scandale.

L'usage, il est vrai, absorba cette idée et l'accommoda bien vite aux exigences de l'expansion d'un commerce intellectuel toujours plus actif. « *L'attachement à la mère* » devint la forme conceptuelle convenable issue de cette évolution; l'idée est commode et l'on ne se prive pas d'en user. L'homosexuel, on le sait, reste « attaché » à sa mère, le schizophrène l'est trop, l'obsessionnel le fut inconsidérément, le pervers trop précocement et ainsi de suite. En trop ou en trop peu, en positif, en négatif, rares sont les histoires de malades où « l'attachement à la mère » n'est pas invoqué.

J'en étais là de mes réflexions sur le pouvoir de fascination des idées neuves et déjà reçues lorsque Philon me redit, un jour récent, qu'il ne réussissait pas à rompre cet attachement à sa mère dont il retrouvait la marque au niveau d'une tentative amoureuse.

Mon oreille, la vraie, s'ouvrit.

Bien sûr, Philon savait depuis longtemps et, bien avant qu'il entreprît une analyse, que le fait de s'interroger sur sa vocation religieuse était le propre de ceux qui n'avaient pas pu résoudre un excessif attachement à la personne de leur mère. Or la question étant apparemment résolue par ce savoir elle n'était plus guère par lui posée, tout au plus invoquée à titre d'argument ou d'explication.

Mais ce jour-là je ne l'entendis pas ainsi et lui renvoyai sur un ton interrogatif : « attachement ? » « Oui, poursuivit-il, je veux parler de ce caractère privilégié de tout ce qui m'a *lié* à ma mère. » L'idée du *lien* me plut et je précisai ainsi ma question : « Comment s'est noué ce lien ? »

Voici la séquence que développa ma question. Je l'ai transcrite extemporanément, par exception, alerté que je fus par une exclamation introductive. Un court temps de silence; il hésite à me dire ce qui vient de surgir en lui, s'en excuse par un mot et sort, à peine différé :

« Merde ! Comme si ça te regardait ! »

Dans la bouche de Philon, c'est inhabituel. Il enchaîne : « Ça commence par le regard; c'est comme une communion, une symbiose. Oui, dans son regard il y a comme un deuxième regard. C'est comme si elle avait trouvé en moi la satisfaction de ce qu'elle ne trouvait pas en mon père. Comme si je lui avais été nécessaire... C'était un accord secret, une complicité, une connivence. Ce mot me vient d'intimité secrète.

« Mais — et sa voix se trouble d'émotion — c'est surtout un rapport vrai des deux côtés.

« Cette idée de vocation, dans la mesure où je la suivais, c'était comme délégué par elle. Et nous en mesurions la folie, elle comme moi. N'est-ce pas plus tard, cette lettre où je remettais tout en question, qui l'a tant affaiblie? A-t-elle senti son fils en perdition? »

Il s'arrête un instant pour remarquer, subtil, de son ton habituel qui tranche sur l'ensemble de cette séquence : « Je dis n'importe quoi... Ce qui va peut-être me permettre de finir par savoir ce que je dis. » Et il poursuit : « Cette lettre était comme l'annonce du sabordage, l'aveu de l'échec de l'entreprise commune. Je n'ai plus de but... Oui, je n'ai plus mon unique but d'être la seule chose nécessaire à ma mère. »

Suit un bref passage que je ne puis pas rapporter; un peu littéraire, il a pour même thème sa mère comme unique objet. Et il continue :

« J'aime à parler ainsi. C'est ce monde où je me complais en moi-même, je jouis, je me sens, je m'écoute. C'est stérile, cette complaisance! Mais ça me plaît aussi, en m'exposant j'ai le souci de plaire. Je voulais plaire à ma mère, tout cela y revient. Être tout à la fois le vassal et le suzerain de ma mère; celui qu'elle aime, celle que j'aime, secrets complices unis dans un regard passionné. Le cercle est bien fermé. Mon bien-aimé est à moi, je suis tout à lui. C'est le serpent qui se mord la queue, moi-même replié sur mon propre pénis. »

« L'analyse me plaît, continue-t-il enfin, parce que j'ai l'occasion d'y parler de ma mère, de nous exposer, nous deux. Mais ça me revient : « Est-ce que ça vous regarde? » Il bouclait ainsi, sur une variante plus courtoise, le cercle de cette séquence.

Tel quel, à peine amputé et sans y ajouter pour l'instant aucune interprétation, je propose ce fragment comme terme de référence. Il conviendrait, d'un point de vue de stricte technique analytique de souligner et d'analyser principalement l'exclamation du début. Mais ce souci technique ne saurait être ici notre objet. Nous nous attacherons plutôt et pour l'instant au « contenu » de ce fragment en tant qu'il articule d'une façon relativement claire et accessible à tous ce que j'appellerai maintenant le *complexe nodal de l'obsessionnel*.

Philon, comme la plupart des obsessionnels, a été le *fils préféré de sa mère*. Il en garde, à travers toutes les difficultés de sa vie, une inébranlable et secrète confiance que rien ne saurait vraiment altérer. C'est l'endroit édénique de plusieurs fantasmes, le séjour merveilleux des voyages imaginaires, le sanctuaire qui est au cœur des multiples enceintes fortifiées, celui qu'on ne peut violer qu'en risquant la mort. C'est la nostalgie d'un bonheur indicible, d'une jouissance exceptionnelle et parfaite. Il faut bien avoir commis quelque forfait pour être aujourd'hui banni, à tout jamais, de cet univers qui gît au cœur de la rose mythique.

Qui est Philon ? Un sujet prédestiné, distingué de ses semblables, de ses frères par quelque signe du destin, pour son malheur comme pour son bonheur. Il est — dans un sens — comme l'écrit Gœthe, un favori des Dieux. C'est ainsi que, secrètement se reconnaît l'obsessionnel : Philon n'y manque pas.

Si donc, par quelque ruse ou malice comme on nous en décrit tant dans les contes, nous approchons du sanctuaire, sous couvert d'une psychanalyse, qu'y trouvons-nous ? Philon le dit : « Celui qu'elle aime, celle qu'il aime, secrets complices unis dans un regard passionné. » N'allons pas objecter qu'il ne s'agit là que d'une fantaisie de l'imagination fertile de notre héros : si on lui disait cela il fondrait brusquement en larmes, éclaterait en sanglots d'une façon si parfaitement inattendue, si désespérée et si violente que nous en serions autant et peut-être plus surpris que lui, figés d'étonnement, comme devant l'un de ces prodiges qui sont la dialectique des contes. Philon y insiste : « C'est totalement *vrai*, des deux côtés », et puis d'abord « ça ne nous regarde pas. »

L'obsessionnel est le plus souvent un être de façade et de leurre ; il est secret, chacun le sait, bien qu'il s'expose, discourt et ratiocine sans se soucier apparemment de ce qu'on peut lui répondre, pourvu qu'on réponde ; en ce sens c'est un indifférent, un bel égoïste, un être de peu de vie. Et pourtant, combien de fois répète-t-il à qui veut l'entendre qu'il est un écorché vif, un sensible, plus intuitif que tous les épais qu'il côtoie. Ce qu'il dit ainsi, nous le voyons à ciel ouvert dans ces insondables chagrins, ces sanglots ridicules, puérils, inattendus, bouleversants, qui surgissent lorsqu'on met en doute la réalité sacrée du sanctuaire.

Nous touchons ici, à la *perspective sacrilège*. Je sais qu'il convient de dire que nous avons tous et depuis longtemps surmonté ces peurs abyssales pour les laisser à quelques primitifs, aux superstitieux et aux rêveurs. Et pourtant, si toutes nos lumières nous avaient si complètement affranchis de l'effroi sacrilège, pourquoi — je m'interroge — cette monnaie commode de « l'attachement à la mère » pour tout résumer ? Je sais qu'il y a aussi maintenant la « relation mère-enfant » plus rassurante dans son atmosphère de nursery que *l'inceste* dans son contexte tragique. Poursuivons quand même notre investigation.

Il n'est pas question, remarquons-le, dans les paroles de Philon de « coucher avec sa mère ». Pourquoi ? Je ne pense pas que ce soit à cause de la crudité des termes (il en a souvent usé, et de bien d'autres aussi), mais plus simplement parce que cette expression qui croit résumer vulgairement le fait de l'inceste, ne correspond pas à la vérité de son expérience.

Ce dont il nous parle, c'est d'une « communion, d'une effusion bienheureuse dans un regard ». Nous pourrions certes nous arrêter au tableau ravissant du nourrisson qui regarde intensément sa mère qui le tient assis devant elle sur ses genoux. Mais cela ne suffirait pas, et nous ne serions pas fidèles aux paroles de Philon, car il nous parle d'un « *deuxième regard* » et nous dit en clair qu'il s'agit là d'une référence à son père. J'imagine déjà, pour l'avoir moi-même expérimenté, ce qui peut se passer ici dans nos têtes savantes : père, Œdipe, complexe d'Œdipe, jalousie, agressivité, vaut mieux se cacher, etc. Mais je préfère suivre le texte des paroles de Philon qui nous dit : « C'est comme si elle avait trouvé en moi la satisfaction de ce qu'elle ne trouvait pas en mon père. » Il s'agit donc d'une façon très explicite, à propos de ce deuxième regard, de *ce que la mère attendait du père*, littéralement : « Ce qu'elle ne trouvait pas en mon père. »

C'est ici, précisément, que nous pouvons trouver le véritable nœud de la situation qui peut s'articuler ainsi : 1) *maman attend quelque chose,* 2) *quelque chose que papa peut lui donner,*» 3) *qu'il ne lui donne pas.* Il s'agit donc littéralement d'une attente déçue de la mère qui entraîne, il nous le dit non moins clairement, le retournement de cette attente vers lui : « comme si elle avait trouvé en moi la *satisfaction*. » C'est donc bien, semble-t-il, dans la formulation de Philon, de ce défaut de satisfaction de la mère au niveau d'une relation avec son mari, que découle le reste : communion par le regard, complicité, intimité secrète.

Dès maintenant il apparaît, pour pointer les choses telles qu'elles se découvrent à nous dans ce fragment, que ce dont il s'agit primitivement au centre du sanctuaire, c'est du *désir insatisfait mère*, en tant qu'il apparaît dans ses échanges avec l'enfant.

Enfin, fait majeur à notre sens, qui constitue véritablement la clé de la position obsessionnelle, cette remarque : « *Comme si je lui avais été nécessaire.* » Il n'est, on le sait, pas une parcelle du monde de l'obsédé qui échappe à la plus envahissante contrainte de la nécessité. Il n'est point de plaisir qui ne soit nécessaire, de vacances « motivées » au programme contraignant. « Il faut que » ou « je dois » constituent les dénominateurs communs de toute activité de l'obsessionnel. « Mon unique but, dit encore Philon, d'être la seule chose nécessaire à ma mère » ou plus classique dans le rôle de Titus qu'il cite volontiers :

> ... *Je me suis fait un plaisir nécessaire*
> *De la voir chaque jour, de l'aimer, de lui plaire.*

Nous pourrions, certes, continuer d'analyser tous les autres passages du discours de Philon que j'ai cité en fragment, et nous y trouverions d'autres sujets de réflexion comme, par exemple, le problème de la vocation, le doute par lequel il met en cause le pacte sacré, l'image du serpent qui se mord la queue. Je crois cependant que nos remarques, très partielles, vont suffire pour l'instant à commencer d'articuler ce qui constitue le complexe nodal de l'obsessionnel.

Au centre, avons-nous constaté, *la mère, en tant qu'être de désir* C'est ce qu'il convient de ne jamais oublier si l'on a quelque curiosité pour cette course au trésor que nous propose l'obsessionnel.

Il y a, certes, mille et une raisons pour une mère de n'être pas satisfaite et si cela ne suffit pas à faire un petit obsessionnel c'est cependant tout à fait indispensable. Pour faire un bon et véritable obsessionnel il faut vraiment, d'une façon ou d'une autre, que l'enfant soit *marqué* — Philon nous l'a souvent dit — du sceau indélébile du *désir* insatisfait de la mère.

C'est là l'expérience première, ineffable, par laquelle commence l'histoire de l'obsessionnel. C'est à ce même moment que s'arrête pour lui l'histoire du reste du monde, qu'il sort du temps commun pour entrer dans la durée indéfinie qui marque les heures de son microcosme. Après tout, cela se conçoit aisément : ce n'est pas une mince faveur que de se voir, dès avant qu'en soit articulé le vœu, comblé des faveurs de sa mère, de devenir l'objet élu de son amour, avant même que d'avoir désiré et langui, et se trouver ainsi comblé, au-delà de toute mesure.

Freud affirme que l'histoire de l'obsessionnel, contrairement à celle de l'hystérique, commence par une satisfaction sexuelle précoce, difficile à retrouver. Il est bien certain que dans le contexte passionnel que nous venons de décrire où l'enfant devient l'élu de sa mère, tout contact physique prend, démesurément, valeur d'étreinte, à plus forte raison les toilettes quotidiennes sans compter les soins plus spécifiquement périnéaux et surtout anaux. Je n'invente rien : l'obsessionnel sur le divan ne peut rêver de viols plus exquis et se voit avec complaisance livré aux mains d'une infirmière attentive, jeune et maternelle.

Telle est, constamment retrouvée chez l'obsessionnel, l'expérience sexuelle précoce dont il est marqué. C'est au moins ce qu'une analyse ne peut manquer de retrouver — qu'elle retrouve — à travers les alibis d'expériences secondaires, de dénégations, de protestations de dégoût ou de répulsions électives. Lorsque je dis retrouve, je ne prétends pas qu'on le retrouve au sens d'un événement oublié. Non; autour de ce secret, le tabernacle se dissout et le moment de grâce ineffable — restant ce qu'il est — rejoint le flot vivant des souvenirs oubliés.

Ce n'est pas simple d'en arriver là : il faut être aussi prompt que tenace et patient lorsqu'une ouverture se présente. Ici, c'est dès les premiers mots qu'apparaissent une crainte et une colère qui ne sont pas feintes : « Merde, comme si ça te *regardait* ! »

Ne croyons pas à la seule coïncidence des mots, c'est bien littéralement aussi du regard qu'il s'agit. C'est d'ailleurs le surgissement de ce thème familier qui marque le début de la plupart de nos entretiens : il y est question de mon regard qu'il sent accueillant et bienveillant, auquel il se fait un devoir, et un scrupule de répondre par un visage figé, plutôt fuyant, comme il conviendrait, pense-t-il, à un analyste d'en porter. Cet accueil reste pour lui une question, une assurance, mais aussi une menace. Il précise ainsi l'essence de la situation par un rêve habituel qu'il reprend en rêverie : « Quelqu'un s'approche de moi, dit-il, *en me fixant du regard.* C'est un homme. Indéfiniment je m'efforce de le repousser, il approche quand même ; je commence à cogner de façon répétée sur cette gueule ; plus mes coups s'accélèrent, plus il se fait proche, et revient sur moi, comme un punching-ball mû par un ressort. Il paraît insensible et son visage affiche un sourire sarcastique. L'angoisse m'envahit... » C'est le moment où, dans les rêves, il s'éveille, tremblant.

Est-ce le regard méprisant de son frère aîné pour le petit garçon sage ou mieux encore le regard indéfinissable de son père à travers la douceur duquel perçait quelque chose de froid, de rigoureusement impitoyable ? Je ne sais ; ce sont les deux sans doute, modèles du regard de l'Autre qu'il n'atteint pas.

Sans rien résoudre pour l'instant, j'ai livré là ce que Philon m'a dit.

Sans doute pouvons-nous tenter maintenant de rendre compte théoriquement de ce fragment d'analyse.

Je n'ai pas la naïveté de prétendre que cet extrait littéral d'un moment de séance contienne en lui, et surtout de façon explicite, toute la théorie du désir de l'obsessionnel ; je crois cependant que cet exemple, choisi parmi d'autres, peut être éclairant. Je n'ai pas non plus l'audace de croire que ma seule expérience clinique a nourri et fait naître l'articulation théorique que je vous propose. Je reste convaincu du fait qu'une expérience ne peut être féconde que dans la mesure où elle met à l'épreuve une hypothèse de travail.

Il me faut donc ici, avant de poursuivre, rappeler en quelques mots la conception de l'évolution œdipienne sur laquelle je me fonde. Non point qu'elle diffère de ce que chacun connaît, mais parce que certaines nuances et précisions articulées par J. Lacan ouvrent ce schéma œdipien à une plus large et plus stricte utilisation clinique.

Le complexe d'Œdipe, pourrait-on dire, rend compte de l'évolution qui, peu à peu, *substitue à la mère comme personnage central primordial, le père comme référence ultime et principale.* Ayant ainsi défini le mouvement général de cette évolution, il convient de distinguer *trois phases.*

Dans un premier temps, c'est la mère en tant qu'être de désir qui est le personnage central. Le sujet s'identifie à *l'objet du désir* de sa mère. Sans pouvoir tenir compte de la complexité d'un tel désir, l'enfant semble n'en retenir qu'un schéma simpliste : « Pour plaire à la mère, il faut et il suffit, garçon ou fille, d'*être le phallus.* » Je rappelle au passage que le phallus, en l'occurrence, ne se réduit pas à l'aspect physique de la réalité signifiée, mais qu'il a d'ores et déjà, comme pour la mère, sa valeur symbolique et signifiante. Tel est donc le premier temps : « Pour plaire à la mère il faut et il suffit d'être le phallus. »

L'étape suivante est la plus importante et la plus complexe, celle au niveau de laquelle surgissent la plupart des accidents générateurs de névrose. Résumons-la dans son évolution normale. Le sujet éprouve bien vite que la mère ne se satisfait pas de la solution première, et il se détache bientôt de son identification qui lui paraît, par contrecoup, insatisfaisante. Cette insatisfaction et la persistance du désir de la mère le renvoient à *autre chose.* Qu'est cet *autre chose* ? Voilà *l'énigme cruciale* que pose à l'enfant le désir de la mère. C'est ainsi qu'apparaît réellement dans la vie de l'enfant, avant même d'être spécifiée dans sa nature, une référence, un symbole qui capte le désir de la mère. C'est de cette façon que se présente sur le plan de l'expérience le *tiers autre.* Est-ce à dire que le tiers autre en question apparaisse surtout en tant que personne ? Non. L'analyse la plus scrupuleuse montre qu'au contraire ce tiers autre, ce père, apparaît surtout *comme un être à qui on se réfère* (pour le mépriser ou l'honorer d'ailleurs), mais à qui on se réfère comme à une loi. Dans la pratique quotidienne, c'est le « papa a dit.. »

ou « je vais le dire à papa... » de la mère en mal d'autorité. Or ce père, avant d'être privateur, castrateur ou tout ce que l'on veut *pour l'enfant*, apparaît à ce même enfant comme référence, sinon comme maître de la mère. Et si tant est que le phallus symbolique, *signifiant du désir*, se trouve être pour quelque chose dans cette référence de la mère à son homme, aux yeux de l'enfant, et à son imagination, le père apparaît avant tout comme privateur ou castrateur à l'endroit de la mère, et non pas de lui-même.

C'est ce qu'il importe de bien saisir pour se mouvoir à l'aise dans tout ce qui a trait au complexe de castration. La portée de ce deuxième temps du complexe d'Œdipe consiste en cette accession de l'enfant, par la médiation du désir de la mère, à la loi du père en tant que lieu du phallus *symbolique*, en tant qu'il paraît le dérober et le garder. Le père se révèle comme *refus et comme référence*. C'est aussi le moment où l'objet du désir apparaît dans sa complexité d'objet soumis à la loi de l'autre. En une formule, J. Lacan dit que cette étape découvre « la relation de la mère à la parole du père ».

Le troisième temps est plus simple. Le père n'est pas seulement porteur de la loi, il possède aussi, un pénis *réel*. En un mot le père est celui qui a le phallus et non point celui qui l'*est*. Pour cela il faut assurément que le père en question ne soit ni trop impuissant, ni trop névrosé. Dans ce troisième temps le père se découvre donc comme possesseur réel, et non plus seulement comme lieu symbolique, d'un pénis.

L'évolution peut s'achever par l'identification nouvelle et le surgissement de l'idéal du moi. Pour le garçon comme pour la fille c'est le moment où ils renoncent l'un comme l'autre à tout vestige de l'identification première au « phallus qui plaît à maman » pour devenir « comme un grand » celui qui l'a, ou celle qui ne l'a pas et l'attendra d'un homme.

Ainsi le père, en tant que lieu du phallus, remplace la mère comme sujet principal et normativant de l'évolution. La mère, de personnage central qu'elle était, devient médiatrice. Il n'est plus question pour l'enfant d'être ou de ne pas être le phallus mais de l'avoir ou ne l'avoir pas.

À travers ces étapes, quel fut le sort de Philon et comment devint-il celui que nous avons appris à connaître ?

Il n'est pas douteux qu'il garde de la première le souvenir le plus profond, sinon le plus clair ; c'est encore là qu'il vit à ce qu'il semble. S'il ne dit pas : « pour plaire à ma mère il faut et il suffit d'être phallus » peu s'en faut, car au fond c'est un peu ce qu'il pense quand il nous dit : « Mon unique but d'être la seule chose nécessaire à ma mère. » Il n'a point d'autre souci que de lui plaire ; c'est en cela qu'il se complaît.

Sans même aller chercher dans la subtilité des rêves l'aveu de son identification globale au phallus, il se décrit réagissant à certains émois par une rubéfaction, une sorte de chaleur et de congestion diffuses qui le fait se crisper et se raidir tout entier. Cette réaction globale, cette façon d'être totale, comme monolithique ne se limite pas à l'activité musculaire. Je n'ai pas le loisir de m'arrêter à tout ce qui dans la façon d'être de Philon évoque la satisfaction inhérente à cette phase primitive d'identification à l'objet du désir de la mère ; ce serait une énumération fort longue.

S'il apparaît donc certain qu'il garde de ce temps premier une nostalgie qui va jusqu'à l'y maintenir dans un rêve dont il ne peut sortir, il est non moins certain qu'il n'a pas atteint le troisième stade, celui où, délié de cette identification massive, il se pose en possesseur du phallus. En un mot, il ne se sent pas homme. A trente ans il est resté le petit, le soumis, celui qui demande poliment, s'excuse à tout bout de champ, regrette ses éclats. Il ne se sent pas semblable à ces mâles qui possèdent des femmes : ce n'est pas encore pour lui, et il entend presque la voix qui lui dit : « quand tu seras grand ». Alors il se révolte, proteste, argue de sa supériorité, de son intelligence, mais rien n'y fait ; il le sent bien ; il n'est pas encore « un grand », il ne se sent ni possesseur, ni maître de son sexe.

Qu'est-il donc arrivé en ce temps second qui doit permettre à l'enfant de *s'ouvrir au monde du désir et de la loi*, par la médiation de la mère ? Cela paraît presque trop simple à dire : au lieu de *l'insatisfaction*, corrélatif naturel d'une identification primitive au phallus, au lieu de cette insatisfaction qui le pousse à porter ses regards du côté des rapports de la mère à l'énigme du père, au lieu de cette insatisfaction, c'est la *satisfaction* que Philon a rencontrée.

Pourquoi ? Très simplement parce que sa mère reportait sur lui-même son propre désir, avec toute l'inconsciente et troublante tendresse d'une femme névrotiquement insatisfaite. Il est à peine nécessaire de détailler corrélativement la rigueur morale du père, son charme, sa bonté, sa charité, qui enserraient une virilité trop parcimonieusement mesurée et s'exerçant comme à regret sous le signe du péché. Tout cela, Philon le résume en ces mots : « C'est comme si elle avait trouvé en moi la satisfaction de ce qu'elle ne trouvait pas en mon père. »

J'ai rappelé tout à l'heure comment notre héros décrit et évoque cette expérience privilégiée qui l'a comblé au-delà de toute mesure et dont il garde la plus profonde nostalgie. Il vit, depuis lors, comme dans une prison bien-aimée. Sa mère, qui devait être la médiatrice et la voie, s'est imposée comme but et comme objet. Le cercle s'est fermé dans une effusion exquise alors même que s'amorçait la course au désir.

La voilà qui se poursuit, indéfiniment stérile, épuisante, dans la sphère parfaite du regard maternel. Tout désormais passera à travers ce voile protecteur. C'est en écho que Philon entend la parole de son père, en photo qu'il saisit son regard.

Retrouvons enfin le désir de Philon prisonnier de ce petit monde enchanté.

Il faut rappeler ici l'originalité du désir par rapport au besoin et à la demande. Il est le propre de l'imaginaire et se conçoit comme médiation significative d'une antinomie foncière, cela ne saurait être éclairant que si l'on pose que le propre du besoin est d'atteindre l'objet et de s'en satisfaire alors que la demande vise l'être défaillant de l'Autre.

Philon, comme tout autre enfant, entretenait vis-à-vis de sa mère des rapports mêlés, autant sur le plan du besoin — car il est loin d'être déjà autonome — que sur le plan de la demande, car la reconnaissance de l'être est le fruit d'une longue patience ; dès lors que Philon, comme ses semblables, vivait dans cette *double attente*, il entrait de ce fait même dans le *champ imaginaire du désir médiateur*, interrogateur, exigeant, à l'endroit de sa mère. Elle-même, prise alors dans les rets du désir de son enfant, nouvellement et secrètement sollicitée elle sent resurgir *son propre désir* et son insatisfaction particulière.

Telles sont les conditions générales, facilement reconnaissables, à la faveur desquelles survient le court-circuit évolutif qui fonde la névrose obsessionnelle. La mère répond par la manifestation de son désir à l'espoir de son fils. Le désir naissant de l'enfant, à peine sorti de l'exigence du besoin ou de l'attente de la demande se trouve ainsi, d'un seul coup, dégagé, confirmé, et, qui plus est, satisfait.

Le désir de l'obsessionnel, aussi précocement éveillé que promptement satisfait portera plus que tout autre désir les stigmates de sa prématuration. Il gardera avant tout le caractère d'exigence élémentaire du besoin. Il portera aussi, de façon indélébile la marque de l'insatisfaction inhérente à toute demande.

Cela étant posé en termes généraux, revenons à l'analyse de Philon. Pareil à beaucoup d'autres obsessionnels, il imaginait en son âge tendre toutes sortes d'histoires; sa vie de rêve et de désir se nourrissait aussi bien des accidents de son expérience, que des lois encore obscures du monde des « grands ». Les exploits du héros, les souffrances du captif humilié excitaient plus que son imagination. Dans ses jeux il accomplissait des prouesses, aimait aussi à se faire fouler aux pieds par de jeunes camarades, vaguement conscient qu'il dépassait là les limites de l'innocence convenable aux enfants.

C'est ainsi qu'il me parla un jour d'une histoire édifiante dont j'eus, dans le flottement de mon attention, quelque peine à réaliser si elle était issue d'un illustré bien-pensant ou de son premier livre de lecture. C'était l'histoire de Gonzagues-qui-mourut-en-martyr-dans-les-pays-barbares. De cette merveilleuse et terrible histoire je n'en révélerai pas plus, car je compris bientôt que le bienheureux Gonzagues était un ancêtre vénéré qui avait vraiment vécu, souffert et trépassé voici quelque vingt-cinq lustres.

Par la suite, il m'en parla peu. Je l'interrogeai : il reconnut que Gonzagues fut secrètement son héros; vers cinq ans il pensait naïvement qu'il fallait aller à pied dans les lointains pays barbares où l'on devient martyr, et se forçait, pour y réussir plus tard, à de longues marches qui étonnèrent, puis le secret dévoilé, amusèrent la famille attendrie.

*Philon l'élu n'était-il pas appelé ?*
De ce rêve d'enfant, voyons les sources. Le père de Philon était un honnête homme, sage et raisonnable s'il en fut, mais de plus, parent et dévot du héros; en souvenir de lui, il nomma Gonzagues son fils dernier-né. Fut-il lui aussi, en sa jeunesse, attiré par le risque des missions lointaines ? Plusieurs indices permettent de le croire. En tout cas il devint un mari et un père soucieux avant tout du culte des vertus.

C'est précisément ce que la mère de Philon avait aimé en lui. A travers son mari elle connaissait et vénérait le parent du martyr; à la très-honnête et très-estimable contingence qu'était pour elle son mari vivant, se conjoignait en rêve un Gonzagues de lumière et de mort. Telle fut la conjoncture dont naquirent les enfants. On s'en accommoda, vertueusement, et chacun d'eux, de son côté, se fit, à sa façon, une raison de cette paternité hybride.

Ainsi, le petit Philon, de tous sans doute le plus doué, sut à travers les mythes de la tribu et les albums de famille reconnaître le véritable objet de la passion d'une mère si raisonnable et modeste. Son sûr instinct ne le trompait pas. Et la mère put reconnaître en son petit Philon le vrai fils de son amour, la lumière de son rêve, l'objet même de son désir. La « complicité secrète » est là.

Philon avait, à travers sa mère très aimée, toujours cherché le bonheur, sinon le plaisir. Il fut d'abord sa chose, pour lui plaire, « le-tout-pareil-au-désir-de-maman », phallus dirions-nous abstraitement, ou, plus concrètement, quelque chose qui devait se trouver du côté de papa. Mais il découvrit bientôt, avec l'intuitive certitude de l'enfance, de quel rêve d'amour maman faisait sa loi et nourrissait sa vie : le héros martyr.

Et dès lors, pour plaire à maman, pour tenter surtout de retrouver la *référence paternelle*, il fit du martyr le compagnon de son imagination. Son désir naissant y trouvait pour l'instant son compte. Il le trouvait d'autant plus qu'il vivait là le *même rêve* que sa mère. Unis dans un même songe, ils devinrent aussitôt les véritables époux de cette honnête famille : ils partageaient également le même « idéal »; leur désir, comme leur rêve, se rencontraient. Philon, porté par la béatitude, entrait dans le grand fantasme qu'est la vie de l'obsessionnel; enfant modèle et fils incestueux, *il réalisait son désir en partageant celui de sa mère*; l'un et l'autre étaient satisfaits.

Il reste à s'interroger maintenant sur le sort de la *demande* chez Philon. Partageant le rêve, le désir, et, en quelque sorte, la couche de sa mère était-il pour autant *reconnu* comme sujet aux yeux des autres ? Certes non ; tout au plus, et encore, l'était-il aux yeux de sa mère, par ailleurs combien aveugle.

Il fut, certes, un enfant satisfait, relativement heureux, encore que profondément anxieux. Mais cette reconnaissance par une mère aveugle ne pouvait suffire. Il s'en aperçut peu à peu. L'estime des maîtres pour le bon élève qu'il était, lui donna longtemps à lui-même le change et il souhaita rester toujours le très bon élève. Mais l'âge vient où cette situation est difficile à tenir : les maîtres ne peuvent partager le désir de Philon et de sa mère et le laissent se débrouiller, choisir.

Philon pourtant interroge, cherche à tout prix à se faire reconnaître, guider. Mais à peine trouve-t-il un conseiller — et il en trouve beaucoup car il ne cesse de provoquer chacun à l'être — qu'aussitôt il le regrette, méprisant, s'il ignore son fantasme, inquiet, au contraire, si le conseiller perspicace lui dit d'en sortir, satisfait enfin s'il réussit à le séduire, car il connaît le pouvoir de son charme.

C'est là qu'il convient de se souvenir (pour comprendre quelque chose à cet inépuisable manège que chacun connaît chez d'autres Philon) qu'en rêvant à Gonzagues, *Philon n'attendait pas, dans le fond, que sa mère rêvât avec lui,* mais bien au contraire qu'elle lui révélât ce qu'elle avait *trouvé de mieux que ce rêve.*

C'est à son père, le témoin (martyr) vivant, qu'il appartenait sans doute de reconnaître Philon, de l'aider à se dégager des premiers pièges de son désir, d'en faire, après tout, un petit homme. Mais sa mère ne lui favorisa en rien cet accès, s'y opposa plutôt, et avec combien de zèle bien intentionné ! A la place de ce recours nécessaire, de cette ouverture vraiment vitale, Philon connut pour toute réponse le chatoiement du désir de sa mère, un rêve où communier, la satisfaction stérilisante d'un vœu partagé.

Si bien que depuis cette expérience première et privilégiée il ne peut plus prétendre à être reconnu sans évoquer le plaisir qui fut la suite de ce primitif recours ; il ne peut plus demander sans que surgisse le désir ; il n'y a plus une parcelle de demande qui échappe à l'exubérance fantasmatique du désir le plus violent, celui même **qui a été prématurément comblé.**

Ainsi nous pouvons dire que pour Philon, *la demande*, mouvement fondamental de l'être vers la reconnaissance, *est exclusivement vécue par lui sur le mode propre du désir*. Il s'ensuit naturellement que le désir — devenu ainsi substitut fantasmatique de la quête de l'être — le désir se condamne par cette confusion à être éternellement inaccessible. Enfin le désir ainsi confondu est, d'autre part, fortement marqué par la composante naturelle du besoin, et il se manifeste chez l'obsessionnel avec les caractères de nécessité, d'impatience et d'insistance tout particuliers, ceux-mêmes du besoin.

Voilà bien l'ambiguïté du désir de l'obsessionnel; captif de l'interrogation existentielle qui le sous-tend, son désir est impuissant à recouvrer son autonomie et sa valeur médiatrice entre le besoin et la demande; stérile, il prolifère dans le grand rêve qu'est sa vie. Il manifeste ainsi la recherche éperdue d'un autre qui *puisse le reconnaître et rendre du même coup à son désir sa liberté*. C'est ce que nous percevons à travers ses passions et ses symptômes. Philon doute, échoue passionnément; cela surprend, attire l'attention, fait s'interroger celui qui est pris au piège de l'intérêt qu'il veut susciter; c'est là que se cachent le plaisir et l'espoir. Il semble qu'il n'ait en son pouvoir plus d'autre moyen de rompre sa sphère enchantée, bulle de verre et de rêve, que de s'exposer sans relâche; se montrer, fesses ou sexe, douteur, malheureux, subtil dialecticien, raté paradoxal, dans l'espoir secret qu'enfin un AUTRE, homme ou Dieu, mais *vrai*, se manifestera, interviendra pour le reconnaître, l'éveiller de son rêve, le rendre *libre à son désir*, fût-ce en le punissant.

Mais, s'il est vrai que l'espoir existe, le souhait qui le dit ne saurait être tout à fait sincère. Philon est trop rusé. Il sait déjà qu'il existe un Maître parfait, incontesté, le seul, la Mort, et pourtant, bien qu'il sache qu'à le reconnaître il gagnerait son salut, il biaise là encore et, pour lui échapper, *faisant le mort*, il s'offre hypocritement avant même d'avoir vécu : « Pourquoi me prendrais-tu, lui dit-il en son rêve, puisque je suis comme déjà mort. »

Ce n'est point tout, car, vivre de désir uniquement n'est pas impensable, au contraire, encore qu'un peu fatigant. Philon voudrait bien parfois, comme tous ces joyeux drôles, faire naître, vivre et épuiser l'aventure d'un joli désir, sûr ensuite d'en trouver un autre, plus piquant encore. Il n'en est même pas question. Vivre une telle aventure suppose avant tout une possibilité d'approche — si faible soit-elle — d'un autre vivant et chaleureux.

C'est précisément ce qui ne saurait exister dans le monde de l'obsédé ; Philon et sa mère, mythiquement unis en Gonzagues, ont enfanté un peuple d'ombres dociles, doubles indéfiniment répétés ; mais ils se sont séparés (c'est la raison même de leur union), de tout autre *sujet*, de tous les autres êtres de désir. Philon n'est jamais sorti de l'orbe du désir de sa mère ; il ignore littéralement que son père, ou que tout autre sujet, puisse vivre de désir, puisse nourrir des rêves différents du sien.

Mais il n'est point de désir qui puisse se soutenir dans l'isolement d'un songe solitaire. Ainsi le masochiste nourrit sa passion du rêve sadique qu'entretiendrait son partenaire, quitte à être déçu. Plus simplement encore, celui qui désire une femme souhaiterait devenir l'objet de ses rêves ; si les deux rêves ne coïncident que rarement, ils n'en sont pas moins nécessaires pour que vive le désir. Du temps, enfin, où l'amour était galant, la cour passionnée du soupirant n'était concevable que s'il tenait pour assuré que l'objet de sa flamme jouât le rôle d'une femme farouchement réticente, conformément aux usages ; imagine-t-on aujourd'hui de faire une cour classiquement galante à une femme affranchie ? Qu'elle le soit ou se dise telle, cela implique une autre stratégie.

C'est ainsi qu'il convient d'entendre cette formule que *l'autre est nécessaire au soutien du désir*. Or Philon, captif de son unique passion, *ignore fondamentalement l'autre comme être de désir*. Et pourtant pour que vive son propre désir, l'autre est nécessaire. Dans cette impasse, tout est bon alors pour créer un *autre de fantaisie, support illusoire d'un désir stérile. Donner à l'objet inanimé les apparences de la vie, le faire naître, vivre et mourir, l'élire, le choyer, puis le détruire, tel est le jeu dérisoire* auquel Philon se trouve réduit. *L'objet de l'obsessionnel est investi de cette essentielle fonction d'altérité.*

Hors de ce soutien industrieux, le songe menace de s'évaporer, la Mort d'apparaître comme témoin de vérité ; *c'est pour éviter cette ruine, qu'il reprend sans relâche le labeur épuisant de réduire à rien ce qui vit, et de donner au reste l'apparence d'une vie éphémère.*

Cette *quête impossible de l'autre* reste le trait le plus marquant du désir de l'obsessionnel.

Ainsi le cercle est bien clos : le désir primitivement satisfait s'est substitué à la demande; il reste isolé dans un songe solitaire peuplé d'ombres, appelant sans relâche l'autre exclu et pourtant nécessaire.

Tel apparaît dans l'analyse de Philon, son *désir*.

Il nous faut maintenant conclure.

Quels avantages, dira-t-on, y a-t-il à formuler ainsi les choses? Je répondrai tout de suite que, pour ma part, je les vois doubles, théoriques et pratiques.

Théoriquement tout d'abord j'y vois l'intérêt majeur de reprendre les problèmes à leur niveau spécifiquement psychanalytique, celui de la libido et du désir.

Dans une perspective de recherche, l'analyse d'un tel cas semble de nature à permettre d'apporter quelques précisions et confirmations sur les problèmes fondamentaux de la névrose obsessionnelle. L'imprécise mais capitale « *désintrication* » précoce des pulsions dans l'histoire de l'obsessionnel trouve confirmation et illustration dans la satisfaction libidinale prématurée, bloquant le circuit de la demande, seul support rationnel de ce qui relève de *la pulsion de mort*. Sans doute trouverions-nous aussi par cet abord, l'occasion d'articuler enfin l'énigme du *temps* de l'obsessionnel, temps captif du désir s'il en fut. Nous avons au passage, évoqué la lumière qu'apporte sur la question de la mort pour l'obsédé, l'étude de son désir.

D'un point de vue théorique plus immédiat, la référence à ces concepts fondamentaux de désir et de libido, leur élucidation progressive doit permettre de mieux situer respectivement les notions d'usage courant : qu'il s'agisse des références topiques, pour préciser les *rapports constitutifs du moi et du désir*, qu'il s'agisse des références dynamiques pour insister sur la dimension proprement *libidinale* du *transfert*.

D'un point de vue pratique enfin, dont je suppose qu'il nous intéresse tous au premier chef, je crois que cette visée théorique centrale sur le désir peut nous être d'une grande utilité.

Elle nous situe de plain-pied au niveau de la névrose et nous rend attentif au champ mêlé de désir et de demande que constitue le transfert qui s'établit avec l'obsessionnel. Mieux qu'une référence à la théorie du transfert ou à la structure du moi, abstraite en leur élaboration, l'appel au « *désir* » ne nécessite nul recours à notre science livresque. Il est là, vivant, inquiétant ou séduisant, réellement présent dans la tension de l'échange thérapeutique, trame du discours, substance des fantasmes et des rêves, essence du transfert.

En nous intéressant au désir nous sommes donc pratiquement au niveau d'une problématique spécifiquement thérapeutique.

Or, si tout patient névrotique — c'est bien connu — pose une question au thérapeute, s'il lui adresse ainsi fondamentalement une *demande* implicite de *reconnaissance*, l'obsessionnel le fait, lui, à sa façon, particulièrement difficile à résoudre parce qu'intentionnellement confuse. Notre analyse permet, je crois, au thérapeute d'avoir les moyens de s'orienter dans le champ de cette demande de soins ou d'aide. Il doit être attentif au fait que, pour l'obsessionnel, il n'y a plus de demande qui ne soit marquée du *sceau du désir*. Vulgairement parlant — mais littéralement aussi — vouloir se faire reconnaître est devenu pour lui vouloir se faire baiser. Et il met tout en œuvre pour aboutir à cette situation.

Suffit-il pour éviter d'être dupe de ne jamais répondre ou de ne répondre que très peu, à côté, comme le font, d'instinct si je puis dire, le psychiatre expérimenté et aussi le psychanalyste ? Si cette attitude est essentielle, je ne crois pas cependant qu'elle soit suffisante.

Le psychanalyste doit aussi témoigner, en guise de réponse ; il doit être celui qui accueille sereinement la demande, et qui peut supporter dans l'instant cet appel à l'être sans aussitôt l'annuler compulsivement par une réduction interprétative à quelque raison seconde. Il doit user enfin de son habile talent de discrimination, et savoir opérer toujours le clivage entre la demande et le désir, entre le monde de la loi et celui du rêve. Cela nécessite un instrument aiguisé, maniable (qui ne soit point une image de papier), mais solide, prompt et docile à suivre le contour de ces jointures dont la plus haute tradition parle prosaïquement en évoquant l'art de découper la viande.

Autour du *symbole phallique, signifiant du désir, référence centrale et médiatrice dans la pratique de notre art,* il convient de distinguer sans faillir le *phallus réel* du père de Philon du *phallus imaginaire* de Gonzagues, la *négativité* de l'absence du héros martyr de la *négation* de la présence paternelle, distinguer *l'être* de *l'avoir*, mais connaître leur lien, ne pas confondre enfin la demande de reconnaissance avec l'envie de coucher.

Tout cela nous paraît nécessaire — et bien plus encore, c'est vrai — pour éviter de croire qu'il faille ouvrir les portes de la prison où croupirait le malheureux Philon, car en croyant, fût-ce à l'image de la prison, nous entrerions dans le jeu de son désir et de son rêve. Savoir discriminer nous aide au contraire à ne jamais oublier que cette *coque de verre* n'est qu'un œuf de rêve.

# *Duroc*
# ou
# *Le point de vue économique en psychanalyse*[1]

*A la mémoire d'Yves Guiguen.*

Le point de vue économique en psychanalyse est un sujet d'une approche malaisée ; d'emblée il va falloir nous livrer à une sorte de travail de défrichage pour tenter de retrouver le vif de ce point de vue freudien dont on sait, qu'avec les points de vue topique et dynamique, il constitue la perspective métapsychologique.

La difficulté de cette approche tient tout d'abord au fait d'un certain infléchissement du terme d'économie. En toute rigueur il faudrait considérer le point de vue économique comme se rapportant à la production, la distribution, la circulation et l'échange de biens, de valeur, ou, mieux encore, de symboles ; l'étude économique vise à dégager les facteurs et les structures qui règlent la production et les échanges. Or, dans les écrits freudiens il n'est, assez naturellement, pas question de « biens » ou de « valeurs », mais de « forces » et, de ce fait, l'ensemble du problème économique est posé en termes stratégiques : mouvements de troupes, force de bataillons, par exemple. Si l'on ajoute à cet infléchissement le rappel des premières hypothèses freudiennes sur « l'appareillage » psychique, on comprendra facilement pourquoi le point de vue économique en psychanalyse a toujours tenté de s'exprimer, non pas en termes d'économie mais plutôt dans un vocabulaire stratégique ou énergétique. Il semble donc nécessaire, inévitable, de commencer par étudier ce qui, en fait, se pré-

---

[1]. Conférence faite à *l'Évolution psychiatrique*, le 26 mars 1963, et publiée pour la première fois dans *l'Évolution psychiatrique*, éditions Privat-Didier, n° 2, 1965, p. 189-210.

sente dans la tradition analytique, comme point de vue économique, avant même de savoir s'il est souhaitable et utile d'introduire une perspective économique, prise dans son sens propre de recherche des règles qui président à la production et à l'échange des biens, des valeurs, des symboles. Autrement dit, nous constatons au départ que, pour l'instant, le problème économique pose avant tout la question de la « force psychique ». Il est vrai que ce déplacement de sens d'économique vers énergétique n'est que l'expression d'une difficulté tout à fait sensible au clinicien. Chaque analyste thérapeute connaît, dans certains cas, ce sentiment de ne manier avec sa plus pertinente interprétation, qu'un sabre de papier : il éprouve là le peu de prise qu'a parfois son dire sur l'organisation psychique du patient. C'est de la déception que constitue cette expérience, combien freudienne en son modèle, que naît le besoin de recours à quelque « vérité plus vraie », plus « efficace »; on incrimine alors la « force des pulsions » et l'on invoque, pour le conjurer, le « vécu » du transfert; sans doute est-ce pour redonner quelque vie à notre intervention! Je pense que les thèmes qui surgissent ainsi de nos échecs, nous indiquent clairement la voie à suivre; devant les réponses que nous apportons au constat de notre action incertaine, devant notre appel à la force des pulsions, comportons-nous en analystes. Analysons.

Nous constatons alors, qu'en fait, lorsque l'analyste parle de « point de vue économique » il ne fait que traduire dans le langage métapsychologique une dimension fondamentale de son expérience quotidienne qui le laisse souvent plus ou moins dépourvu de moyens. Ainsi, par exemple, moi, devant Ange Duroc.

Duroc est inébranlable, irrémédiablement figé sur le seuil de la porte qu'il ne saurait franchir et dont la béance s'ouvre devant lui plus pleine qu'un mur. Voici bientôt dix ans qu'il déploie son zèle industrieux à ne pas consommer son mariage. Il tient son épouse ainsi, à portée de main, au plus près, bandant en secret. S'il est venu en analyse c'est assurément poussé par la crainte que son épouse (au reste combien « compréhensive » — c'est-à-dire combien complaisante), n'use de ses droits légitimes (aux yeux des hommes comme au regard de Dieu) pour rompre un mariage blanc. Car il est clair, ai-je besoin de le dire, qu'Ange, tout comme sa femme, trouve qu'au fond c'est bien ainsi. Il sait, lui au moins, qu'il trouve le plus vif de sa jouissance dans la retenue, l'occultation de son désir, la négation farouche de celui de sa femme. Il est clair qu'il trouve dans l'analyse autant l'alibi que l'aiguillon qui chatouille son plaisir : il y approche toujours plus près (car l'analyse ne cesse de progresser!) plus près de l'acte où, pour un instant il sacrifierait délibérément la constance de sa parfaite érection : quoi de plus passionnant que cette approche indéfinie, asymptote délicieuse!... Il faut que moi aussi je le menace de rompre notre contrat pour qu'il se sente un peu troublé dans l'excellence de sa jouissance.

Tout comme Ange Duroc bute inlassablement, prétendument navré et secrètement ravi, devant le risque de dévoiler son désir ou d'éveiller celui de son épouse (sans doute n'y a-t-il en fait, sur ce dernier point pas de trop grand risque) tout pareillement mon action analytique, si variée soit-elle (et j'y reviendrai tout à l'heure) bute sur la constance du symptôme et l'intangibilité du « pas toucher » qu'il expose et m'oppose. En un mot, pourrait-on dire, l'analyse est « avancée », mais — fidèle à quoi ? — Duroc reste tel qu'en lui-même, mirage du roc. Le problème économique est là : dans cette insistance répétitive du symptôme du patient, dans cet équilibre qui se maintient immuable malgré le dévoilement (partiel sinon total) de son sens ; dans ce sentiment aussi qu'éprouve l'analyste de buter sur quelque chose de pétrifié, sourd à notre dire, où tous les sens ouverts restent comme interdits.

J'entends bien déjà que l'on pourra me suggérer qu'il conviendrait avant tout que j'analyse un peu mieux ce sentiment ; c'est vrai, et j'y viendrai un peu plus loin. Mais je voudrais quand même rappeler qu'au soir de sa longue expérience, Freud évoque ces cas d'analyse où « toutes les dérivations, tous les rapports, toutes les répartitions de forces s'affirment invariablement fixées, figées [2] » « Une fois de plus (nous avait-il dit peu avant dans le même texte [3]) nous apparaît l'importance du facteur quantitatif, une fois de plus nous constatons que l'analyse ne dispose que de certaines quantités déterminées, limitées d'énergie, qui auront à se mesurer

---

2. S. Freud, « Analyse terminée et analyse interminable », *Revue française de psychanalyse*, XI, 1939, n° 1, p. 28, G.W. XVI, 87.
3. Id., *ibid.*, p. 26, G.W. XVI, 85.

avec les forces adverses. Et tout se passe comme si la victoire devait rester aux bataillons les plus forts »... « Le résultat final dépend toujours d'un rapport relatif entre les forces en lutte [4]. »

La définition de la vie psychique d'un point de vue économique se résume à peu près, au début comme à la fin de l'œuvre, en ceci qu'elle serait la résultante d'un équilibre mouvant de forces contraires, sinon contradictoires; c'est dans ce jeu de forces que l'analyste, en tant que thérapeute, serait impliqué.

Arrêtons-nous un instant sur le vif de la pensée freudienne à ce sujet pour souligner la logique et les paradoxes de son développement. Le projet s'affirme simplement dans l'*Esquisse* [5] « d'introduire les phénomènes de la conscience dans la structure de la psychologie quantitative », et le sens de la recherche est écrit à Fliess [6] comme étant de « découvrir quelle forme assume la théorie du fonctionnement mental quand on y introduit la notion de quantité, une sorte d'économie des forces nerveuses ». La vie psychique est alors conçue sur le modèle (ou « fiction ») d'un « appareil » dont il convient de préciser les rouages, la source énergétique et le principe de fonctionnement. Freud « se pose la question de savoir si une intention fondamentale quelconque est inhérente au travail de notre appareil psychique [7] » et il y répond « par une première approximation en disant que selon toute apparence, l'ensemble de notre activité psychique a pour but de nous procurer du plaisir et de nous faire éviter le déplaisir, qu'elle est régie automatiquement par le « principe de plaisir » — Ah! il donnerait cher, justement, pour savoir les conditions du plaisir! La seule chose qu'il se sente autorisé à affirmer à ce sujet c'est que « le plaisir est en rapport avec la diminution, l'atténuation ou l'extinction des masses d'excitation accumulées dans l'appareil psychique, tandis que la peine va de pair avec l'augmentation, l'exacerbation de ces excitations ». Exemple : le plaisir sexuel.

---

4. S. Freud, « Analyse terminée et analyse interminable », *Revue française de psychanalyse*, p. 16, G.W. XVI, 74.
5. Id., « Esquisse d'une psychologie scientifique », in *Naissance de la psychanalyse*, P.U.F., p. 330, G.W., 396.
6. Id., « Lettres à W. Fliess », in *Naissance de la psychanalyse*, lettre n° 24, p. 106, G.W., 120.
7. Id., *Introduction à la psychanalyse*, Payot 1970, p. 333, G.W. XI, 369.

« Comme il s'agit, poursuit-il, dans ces actes accompagnés de plaisir de grandes quantités d'excitation ou d'énergie psychique, nous donnons aux considérations qui s'y rapportent, le nom d'économique ». D'une manière plus générale : « On peut dire que l'appareil psychique sert à maîtriser les excitations et irritations d'origine externe et interne. »

Si, dans la conception freudienne de l'appareil psychique, ces excitations provenant de l'extérieur se heurtent à une « barrière » solide, et ne posent pas, quant à leur nature, des problèmes immédiats, il n'en est pas de même pour les excitations d'origine interne qui ne se heurteraient à aucune « barrière » constituée, et qui, de plus, posent quant à leur nature, les questions les plus épineuses. Nous rencontrons là le « concept fondamental » en psychanalyse de *pulsion* dont il est dit [8] qu'il faut la comprendre comme « une excitation au sens psychique » : elle apparaît comme un « concept limite entre le psychique et le somatique, comme un représentant psychique des excitations émanées de l'intérieur du corps et parvenues dans l'âme, comme le degré de travail imposé au psychique par suite de son lien avec le somatique ». La pulsion agit à la manière d'une force constante... dont le but est immuable », à savoir « de se satisfaire... par la suppression de l'état de tension qui règne à la source pulsionnelle même » c'est-à-dire au niveau du processus somatique qui la sous-tend mais dont elle diffère. Au contraire de son but immuable, son objet (qui lui sert de moyen pour tendre vers son but) « est le facteur le plus variable, qui ne lui est pas primitivement lié », sinon par « son aptitude à permettre la satisfaction »; à l'extrême (et cela vaut d'être souligné) l'objet de la pulsion « est susceptible d'être changé à volonté ». Enfin, et voilà (toujours dans le même texte) qui nous intéresse au premier chef : « On entend par poussée d'une pulsion, l'élément moteur, la quantité de force ou la mesure du travail exigé qu'elle représente. Ce caractère de poussée est une particularité générale des pulsions et en constitue même l'essence [9]. »

Jusqu'ici tout serait relativement simple, sinon satisfaisant, et

---

8. S. Freud, « Pulsions et destin des pulsions », in *Métapsychologie*, Gallimard, p. 13, G.W. X, 211.
9. Id., *ibid.*, p. 18 à 20, G.W. X, 214-215.

l'esprit le moins doué pour la mécanique ou la psychologie pourrait aisément se représenter le fonctionnement de « l'appareil psychique » réglant sous le signe du plaisir, la décharge des tensions accumulées. Mais Freud nous prévient « qu'il n'a aucun goût pour la simplification qui irait à l'encontre de la vérité[10] ». Voici donc les complications.

Pas plus qu'il ne peut se résoudre à ne considérer qu'un seul système, le plus accessible, celui de la conscience, pas plus, il ne peut se limiter à l'examen des seules pulsions sexuelles, libidinales, les plus évidentes des forces en jeu dans la vie psychique. Freud ne saurait se limiter à ce point de vue uniciste qui est resté celui de Jung ; au contraire, d'un bout à l'autre de son œuvre il soutient avec le plus grand embarras, mais sans y renoncer jamais, l'existence d'un autre type de pulsions dont les manifestations cliniques sont des plus difficiles à saisir. « Pulsions du moi » puis, « pulsions de mort », il tient essentiellement à ce dualisme pulsionnel qui oppose, dans le cadre de la première topique, les pulsions sexuelles aux pulsions de conservation du moi dont, dit-il, « l'existence ne saute pas aux yeux[11] » et dans le cadre de la deuxième topique, la même libido, ou « pulsion de vie », aux « pulsions de mort » ayant pour fonction de « ramener tout ce qui est doué de vie organique à l'état inanimé[12] » mais « dont il est, ajoute-t-il, fort difficile de se faire une idée plus ou moins concrète[13].

Freud, pourtant, ne se fait point d'illusions, et s'il tient à réaffirmer tout au long de son œuvre son point de vue dualiste, il sait que le terme nécessaire de « pulsion de mort » « a, généralement, peu d'adeptes et ne s'est, il faut le dire, pas imposé même parmi les psychanalystes[14] ». Cette résistance est bien compréhensible si l'on songe au parodoxe qu'il y a, à faire entrer dans le cadre des pulsions (toujours entendues spontanément comme sexuelles) cette autre poussée, non moins organique dans sa source, constante

---

10. S. Freud, *Introduction à la psychanalyse*, Payot, 1970, p. 263, G.W. XI, 291.
11. Id., *ibid.* Payot, 1949, p. 380, G.W. XI, 367.
12. Id., « Le Moi et le Ça », in *Essais de psychanalyse*, Payot, 1970, p. 211, G. W. XIII, 269.
13. Id., *ibid.*, p. 213, G.W. XIII, 271.
14. Id., « Analyse terminée et analyse interminable », *Revue française de psychanalyse*, 1939, XI, 1939, n° 1, p. 30, G.W. XVI, 90.

dans sa force, tendue vers son but le plus invariable qui soit, et qui ne vise qu'à réduire les tensions vitales d'une façon radicale et définitive, bref à rendre la vie à la mort.

Le plaisir, on s'en souvient, a été repéré comme étant lié à l'expérience de la diminution des tensions. Comment ne pas imaginer dès lors, en toute logique, qu'il trouve son accomplissement le plus achevé dans l'exercice souverain des pulsions de mort dont le but est justement de ramener toutes les tensions à zéro. C'est ainsi qu'il paraît à Freud « tout à fait vraisemblable que le principe de plaisir serve au ça de boussole dans sa lutte contre la libido dont l'intervention trouble le cours de la vie [15]. » Comment exprimer avec plus de netteté le paradoxe qu'en disant que « ce sont les pulsions sexuelles qui empêchent une baisse de niveau et introduisent de nouvelles tensions [16] » autrement dit que c'est la libido qui empêche d'atteindre le plaisir ! A l'extrême donc, « le principe de plaisir, jusque-là réputé identique au principe de nirvana... aurait ainsi comme fonction de mettre l'organisme psychophysiologique en garde contre les exigences des pulsions vitales, nommément la libido, qui essayent de troubler l'extinction naturelle de la vie [17] ».

« Mais, et là Freud s'arrête, cette conception ne peut pas être juste [18]. » « L'expérience clinique nous montre à tout instant qu'il y a des tensions agréables et des relâchements désagréables... Le plaisir et le déplaisir ne peuvent pas être ramenés à l'augmentation ou à la diminution respective d'une quantité appelée tension d'excitation, bien qu'ils soient grandement dépendants de ce facteur. » C'est ainsi que Freud, confronté au problème économique posé par le plaisir du masochiste, nous invite à prendre en considération certains caractères « qualitatifs » de l'excitation pulsionnelle et qu'il précise la distinction nécessaire entre le principe de nirvana qui traduit la tendance aux pulsions de mort,

---

15. S. Freud, « Le Moi et le Ça », *Essais de psychanalyse*, Payot 1970, p. 218-219, G.W. XIII, 275.
16. Id., *ibid*.
17. Id., « Le problème économique du masochisme », *Revue française de psychanalyse*, II, 1928, n° 2, p. 212, G.W. XIII, 372.
18. Id., *ibid*.

et le principe de plaisir enfin relativé qui plaidera quand même la cause de la libido.

Mais que devient alors le « point de vue économique », c'est-à-dire le point de vue du plaisir-déplaisir dans cette perspective quelque peu perturbée où le plaisir n'est plus que tempéré, voire même dévoilé comme une forme subtile et délicieuse du mal de vivre ? En réalité, l'idée de plaisir restera toujours, dans la théorie analytique, peu ou prou liée à l'image de l'abaissement d'une quantité d'excitation. Dans l'esprit de l'analyste persistera l'hypothèse freudienne, à savoir que ce qui circule dans la vie psychique ce sont des quantités, des forces. Une fois de plus, comme dirait Freud, nous apparaît l'importance — et j'ajouterai l'insistance — du facteur quantitatif.

Je pense pouvoir avancer dès maintenant qu'une première réflexion analytique sur le surgissement du concept de « force psychique » nous dévoile le caractère de métaphore de cet élément qui fonde, en fait, le point de vue économique. Ce n'est pas le déprécier pour autant. C'est dire qu'il nous apparaît pour l'instant que l'expression de « force » s'impose cliniquement au moment de l'expérience des limites de notre action, qu'elle rencontre tout naturellement, et qu'elle se conjugue ensuite avec une certaine représentation de l'appareil psychique, que Freud, au reste, se plaisait à qualifier de « fiction [19]. » Le caractère métaphorique du concept de force psychique n'indique rien d'autre que le renvoi à ses sources, à savoir le constat des limites de notre action. Reconsidérer ces sources me paraît nécessaire, indispensable même si nous ne voulons pas laisser glisser la métaphore vers ses implications mécanicistes propres à nous fasciner par leur caractère plus facilement analysable : en bref, le couple est plus facile à analyser quand il est de forces mécaniques que quand il est de sexes, plus ou moins bien répartis et conjugués. La métaphore énergétique qui semble dominer le point de vue économique nous renvoie ainsi à ce qu'elle désigne, je veux dire aux limites de notre savoir et de notre action. Mais attention! Reconnaître ces limites dans leurs formes actuelles ne veut pas dire que nous allons leur rendre un culte, ni les ériger en murs de notre propre prison.

---

19. S. Freud, *L'interprétation des rêves*, P.U.F., p. 508, G.W. II, III, 604.

La « force des pulsions », même entendue comme renvoi à quelqu'expérience de limite, reste pour nous une question : celle même que je veux ouvrir et me poser ici.

On dit communément de tel patient qui se maintient avec obstination dans l'inconfort allégué de son symptôme qu'il doit quand même bien, de quelque façon, y trouver son plaisir. L'analyse se meut justement dans cette dimension contradictoire qui se trouve au cœur de la question que nous nous posons. « Je ne sais pas, remarquait récemment un patient, si je prends quelque plaisir à maintenir cet état de choses, mais ce que je sais, c'est l'énergie que j'y consacre. » Il m'indiquait ainsi la voie. Laissons de côté le concept de résistance, qui viendrait ici à propos, car il n'est, nous nous en apercevrions vite, qu'une forme particulière de la notion de force psychique.

Reprenons donc maintenant, tout à loisir, l'histoire d'Ange Duroc et interrogeons-nous sur la nature du plaisir auquel il prétend vouloir renoncer. En bref, on peut dire qu'il est dans l'exercice de la rétention. Il m'a suffi d'avoir quelque peu dénoncé cette rétention, au début, à propos de son dire, lui aussi, par trop retenu, pour qu'il me fasse l'aveu d'une de ses plus grandes jouissances (il me faut donc redire avec lui, dans sa banalité cette petite « illustration-des-thèses-analytiques ») : elle consistait lorsqu'il éprouvait quelque besoin d'aller à la selle, à pousser les matières jusqu'au bord de la marge anale sensible, avant de les retenir in extremis; l'excitation de ce va-et-vient, l'alternance des modes de sensibilité mises en jeu, le moindre intérêt pour l'exonération qui pouvait s'ensuivre, voilà qui figure au mieux le plaisir d'Ange. Nous l'avons déjà indiqué, c'est sur le même mode qu'il trouve son plaisir « génital » (si l'on peut dire) dont le plus vif pour lui consiste à s'assurer de l'excellence de son érection et d'en jouir tranquillement dans l'immobilité d'une tension acquise à côté de sa femme, mais à la seule condition nécessaire qu'elle feigne de n'en rien savoir, de n'en rien voir, de n'en rien sentir. Plus vif et troublant encore est ce plaisir lorsqu'après l'ingestion de quelqu'excitant, vin ou café, l'émoi organique se fait plus fort, la tension plus insistante, la retenue finale plus incertaine : à sa façon, Ange Duroc est un maître du suspense !

J'ai déjà fait allusion au polymorphisme extrême que pouvait revêtir l'exercice de ce plaisir en indiquant qu'il se glissait dans une certaine façon de retenir ses aveux. Mais, loin de le détacher de cette façon de faire en dévoilant ainsi ses multiples recours, je ne cesse de l'y voir pareillement ancré. Maintenant il est clair qu'Ange Duroc trouve dans l'analyse une forme privilégiée de son plaisir ; car il sera, certes, toujours impossible de « tout dire » et il se trouve ainsi, au principe, assuré d'une sorte de jouissance « de base ». Mais surtout, et d'une façon perpétuellement excitante, tout se passe comme si l'analyse allait l'amener toujours plus loin, toujours plus près du but... Il le sent, il le dit, il s'en réjouit, il loue les merveilles de la cure. Parbleu : le voilà installé sur les rails confortables d'une asymptote idéale qui le rapprochera indéfiniment de l'« acte » sans jamais y atteindre.

Ce ne fut qu'après quelques mois d'analyse (nous en sommes maintenant à quelques années) qu'Ange se décida à me raconter l'événement marquant que fut sa première « nuit d'amour » : les circonstances en avaient été communes : une camarade de travail, un dîner, meilleur qu'à l'ordinaire pour ce temps de guerre, en 1942, la chambre de l'amie. On prélude, on se dévêt, on se couche, mais, de la nuit entière, on en reste aux préliminaires : elle se déchaîne progressivement dans l'excitation croissante de son attente, lui devient quasiment priapique, incapable de la moindre avance, littéralement pétrifié d'horreur, obligé, à l'extrême, de se défendre contre une menace « d'être-fait-pénétrant ». Il n'a jamais été, si ce n'est en rêve, aussi près du gouffre. Il fallut un nouveau temps pour qu'il en vînt au récit du souvenir-écran, autant que souvenir-clé, sur lequel bute son analyse. Il a trois ans, encore fils unique ; sa mère est au tout début d'une grossesse qui aboutira à la naissance d'une petite sœur. Cette mère, peu tendre, et méticuleusement propre, prend grand soin de son hygiène intime. Régulièrement, elle se livre au rite de l'injection ; il est célébré dans la cuisine où elle dépose par terre une large couverture; les instruments sont déployés; elle amène alors le principal, son fils, car il ne saurait, prétend-elle, rester seul dans la pièce voisine. Elle s'étend donc, serrant près d'elle son petit

Ange, et l'opération commence dans l'immobilité d'une jouissance silencieuse. Il garde le souvenir d'une effusion dissolvante, du plaisir ineffable d'un contact enveloppant à l'exclusion spécifiée de tout émoi proprement génital ; il se souvient aussi du souffle peut-être un peu précipité de sa mère, du bruit de l'eau (dont il eut, à peu de temps de là, la phobie), d'une odeur fade, de sa curiosité contrariée enfin quand il voulut se lever pour y aller voir. Sans doute la scène fut-elle reproduite en de nombreuses éditions, régulièrement, à l'heure de la sieste, toujours en l'absence du père, mais tout s'est dans son souvenir, ramassé comme en une célébration unique. Quel qu'en soit son indice de réalité historique, ce souvenir-écran, ce souvenir-clé, représente l'équivalent d'un inceste consommé, et nous pouvons dire, en raccourci, qu'Ange a vécu vers trois ans l'expérience de coucher avec sa mère ; non pas, il convient de le souligner, au niveau de l'expérience commune d'en partager le lit, mais comme terme principal d'un exercice érotique ; il ne fait pas de doute en effet que les « soins » constituaient pour cette femme l'équivalent à peine déguisé d'un coït idéal où l'instrument de l'intromission était une prothèse.

Il nous faut donc tenter de préciser en détail sur quels modes cette expérience fut, par Ange, vécue, d'en retrouver en somme, avec les élaborations secondaires dominantes, les points originaux les plus sensibles. L'impression majeure et immédiate en reste d'effusion, de dissolution ; et aussitôt après, avec un minimum de recul elle est d'effraction, de rupture. Ce contact ineffable, — que nous avons retrouvé dans l'analyse par le biais d'un prurit diffus — semble mettre en question l'existence de sa limite, de son « sac de peau », comme s'il allait fondre dans un océan, y disparaître. Le souci domine alors bien vite, de la barrière qui, en rêve, va s'effondrer au bord du canal où le tramway de son enfance s'immerge, c'est l'inquiétude pour la carrosserie de son auto qu'il risque d'érafler, la crainte d'une piqûre, la menace d'une blessure, bref, c'est la hantise ou la fascination de l'effraction, de la rupture. A l'autre pôle de l'analyse de ce souvenir (je veux dire à quelque distance de cette reconstruction d'une certaine expérience sensible par le biais du fantasme, du rêve ou du symptôme psychosomatique) s'impose la dimension majeure du désir de cette femme, sa mère, que rien n'arrête dans son exercice perverti, et qui semble se porter avec une préférence évidente vers la célébration du rite de la sieste plutôt que vers les possibilités du lit conjugal. Elle a fait véritablement de son enfant, en la circonstance, un phallus « à portée de la main » qui donne, au reste, l'essentiel de sa valeur érotique à l'instrument substitutif qu'est la canule utilisée.

Il n'a pas été facile de retrouver la trace de son père. Dans l'analyse, il apparut d'abord comme mort (peu de temps après le mariage de notre patient). Ce père prostatique, puis urémique, était mort, aux yeux d'Ange, à la fois de négligence et des excès d'une vie sensuelle dispersée, car il avait renoncé très tôt, semble-t-il, à forcer l'accès difficile des joies conjugales. On ne saurait dire que ce fut un père absent, mais plutôt qu'il avait laissé se détériorer bien tôt l'exercice de ses droits, comme plus tard il avait laissé s'altérer trop vite l'intégrité de son corps. Ange se souvient encore de ses attentes de son père, restant, à sept ans, éveillé jusqu'au milieu de la nuit pour ne se laisser aller au sommeil, qu'après qu'il l'ait entendu rentrer.

Ainsi le plaisir d'Ange Duroc est-il dès ce temps, et reste-t-il aujourd'hui figé dans ce qu'on pourrait appeler le culte du mur. Sa passion, nous l'avons vu, est d'ériger l'obstacle, la barrière contre laquelle il va buter, et ce n'est point de la renverser ou de la détruire qui l'intéresse, mais au contraire, de s'assurer qu'elle est bien là, sensible, résistante, qu'il peut de quelque façon la palper, la caresser, la maintenir dans une perpétuelle présence; il rêve de massif, d'ancrage, de montagne qui ne soit qu'un roc... A Gibraltar, il visite son fantasme, mais un vertige angoissant le saisit lorsqu'il franchit sur la passerelle, l'intervalle qui, du roc, le mène à son bateau. Dès trois ans il avait d'ailleurs compris quel allait être l'objet de sa passion : une fois qu'après déjeuner (c'était sans doute un jour sans soins) sa mère était allée bavarder avec la voisine, il avait bondi sur la porte laissée entrouverte pour la fermer résolument : il fallut de longues heures pour le décider à céder. Ainsi réalisait-il d'une façon sensible l'érection de la barrière nécessaire, celle qui doit le séparer du désir actif de sa mère, et, en même temps, bien entendu, de son désir pour sa mère.

Je peux dire maintenant que le caractère fondamental de l'événement incestueux vécu par Ange Duroc a été *l'expérience du défaut sensible de l'interdit*. Le trait marquant de cette scène, autant, sinon plus que la jouissance (ou l'angoisse) est certainement cette expérience du manque de défense, d'une barrière inexistante (qu'il n'y a même pas à renverser), d'une loi bafouée. Nous aurons à revenir plus loin sur ce double problème, d'une part de la valeur et du sens de l'interdit, d'autre part sur la fonction révélatrice d'une absence sensible de l'interdit. Il nous suffira pour l'instant qu'en cette expérience, nous saisissions clairement la souce même de la force d'Ange, de cette énergie farouche qui anime en secret sa jouissance immobile et sur laquelle nous avons le sentiment de buter, comme Freud, sur le « roc » profondément enraciné, de la crainte de la castration. En édifiant sans relâche de nombreuses barrières, en entretenant amoureusement ses « murs », Ange Duroc défend d'abord son nom, il s'efforce surtout de recréer l'obstacle de l'interdit, de se rendre sensible à tout instant la défense qui a manqué à son plaisir, plus précisément de colmater la brèche sacrilège qui l'a précipité *au-delà du plaisir*. Réaliser cet interdit de façon sensible est devenu pour lui sa passion même.

Il me semble que nous entr'apercevrons là ce que, sans le secours d'aucune métapsychologie, nous pouvons désigner dans notre expérience, comme la source d'une force, disons *la force même*. Elle apparaît dans toute sa puissance de fixation, en même temps que se consomme le viol de la loi; elles se répand comme une lave en fusion qui va tout noyer au même moment où se dissout la parole interdictrice qui, voilant d'habitude le cratère, nous permet chaque jour de continuer à danser sur le volcan.

Freud nous propose dans « Au-delà du principe de plaisir » au moins deux définitions de la force qui nous intéresse, suggestives l'une et l'autre. La première, la plus « philosophique » préfigure l'hypothèse d'un remaniement peut-être nécessaire de la notion de conflit dans le sens d'une opposition essentielle et active entre les pulsions de vie et les pulsions de mort telle qu'elle est décrite dans « *Analyse terminée et analyse interminable* [20] » : Freud

20. S. Freud, « Analyse terminée et analyse interminable », *Revue française de psychanalyse*, XI, 1939, n° 1, p. 30, G.W. XVI, 90.

souligne « la situation paradoxale qui fait que l'organisme vivant se défend de toute son énergie contre les influences (dangers) qui pourraient l'aider à atteindre son but par les voies les plus courtes [21]... » Bien que dans le texte allemand le mot d'énergie ne figure que sous forme d'adjectif, il convient à mon sens de marquer la rencontre de deux termes de paradoxe et d'énergie.

Plus « clinique » est cette deuxième proposition : « La pulsion refoulée ne cesse jamais de tendre à la complète satisfaction, laquelle consisterait dans la répétition d'une satisfaction primaire... ; rien ne peut mettre fin à cet état de tension permanente... ; *c'est la différence entre la satisfaction obtenue et la satisfaction cherchée qui constitue cette force motrice*, cet aiguillon qui empêche l'organisme de se contenter d'une situation donnée, quelle qu'elle soit, mais qui pour employer l'expression du poète : « indomptable, le pousse sans cesse en avant » (l'expression, notons-le, est mise dans la bouche de Méphisto!). Le chemin en arrière vers la satisfaction complète est généralement barré... si bien qu'il ne reste à l'organisme qu'à avancer dans l'autre direction, sans espoir toutefois de venir à bout du processus et de pouvoir jamais atteindre le but [22] ». Ainsi apparaît-il clairement que « poussée », la « pulsion », la force motrice se situent, cliniquement sous le signe de la différence (différence entre la satisfaction obtenue et la satisfaction cherchée), et théoriquement dans la dimension du paradoxe (il n'y a aucun espoir d'atteindre le but cherché), je dirai plus volontiers dans la dimension de l'antinomie, pour autant que les pulsions de vie sont irréductibles aux pulsions de mort.

L'élément privilégié, et que je souligne, dans l'histoire d'Ange, cette expérience incestueuse, semble être en fait un caractère commun et nécessaire dans la genèse des névroses obsessionnelles encore qu'il s'y présente sous des formes plus ou moins apparentes. J'ai choisi, dans ce cas, de faire ressortir cet aspect nodal de l'analyse, pour autant que sa particulière clarté nous mène plus aisément qu'ailleurs à la racine même de l'expérience de la différence, à la dimension de l'antinomie fondamentale. Elle nous développe

---

21. S. Freud, « Au-delà du principe de plaisir, » in *Essais de psychanalyse*, Payot 1970, p. 50, G.W. XIII, 41.
22. Id., *Ibid.*, p. 53, G.W. XIII, 44.

en toute lumière et d'une façon quasi expérimentale, les effets d'une défaillance « concrète » pourrait-on dire de l'ordre symbolique. Si deux peut, un instant, n'être qu'un, si le sens du temps peut, à l'heure de la sieste s'inverser et permettre de revenir en arrière, là précisément d'où l'on vient, s'il n'y a plus de différence entre le phallus paternel et l'enfant, si enfin l'objet du père et celui de l'enfant se confondent, il ne reste plus de place pour le rêve et l'inconscient ; car communément, on ne couche avec sa mère qu'en rêve, et c'est le privilège de l'inconscient d'en user ainsi avec le temps, la différence et la contradiction ! Le moins que l'on puisse dire de l'expérience incestueuse d'Ange est qu'elle constitue une sorte de court-circuit entre le rêve et la réalité, entre les circuits de type primaire et les circuits logiques de type secondaires, entre le conscient et l'inconscient, pour ne citer que quelques termes antinomiques. (Notons au passage que le terme de *Kurzschluss* (court-circuit) vient sous la plume de Freud entre autres, au moment où il souligne le paradoxe de la lutte de l'organisation contre la visée naturelle, c'est-à-dire l'antinomie des courants pulsionnels.)

Soulignons dès maintenant que ce qui maintient normalement dans l'expérience individuelle la dimension de l'irréductibilité de l'absence de commune mesure (ainsi entre le sujet et l'objet entre le moi et l'autre, la vie et la mort, etc.), c'est précisément la prohibition de l'inceste. Cet interdit, est l'instauration de l'ordre qui doit voiler l'horreur et l'absurde ; il fonde le « plaisir tempéré » dont l'exercice nous dérobe commodément les paradoxes d'une vie luttant contre elle-même, d'un désir qui ne vise qu'un leurre, d'une recherche sans aucun espoir. Or, dans l'histoire d'Ange, l'expérience du court-circuit a pris la place de l'interdit sans sa fonction normative. Voyons ce qui s'ensuit : une longue histoire monotone et prosaïque de répétitions, peu fidèles dans leur logique, rigides dans leur structure, et nous allons voir combien les éléments en sont surdéterminés. Ainsi se répètent et se démontrent dans son comportement conjugal la distance qu'il y avait entre ses parents, le peu de désir de la mère, la désaffection du père. Plus précisément se répètent aussi les dispositions de la scène initiale où le partenaire est maintenu à côté, à portée de mains mais devant tout ignorer de ce qui se passe dans la zone génitale.

Pareillement se perpétue l'état de tension qui n'a pas, à vrai dire, trouvé d'apaisement. C'est dans les limites de ces bornes étroites que va se développer la vie libidinale de notre sujet : il fermera des portes pour se séparer de sa mère comme il construira des murs dont il jouira en tâtant avec délices les limites de leur résistance; il jouira enfin de l'ambiguïté de son rôle premier, soit d'instrument nécessaire à la jouissance de sa mère, soit de partenaire précoce à l'impuissance duquel s'est opportunément substituée la canule comme instrument. Mais en outre il s'accordera la compensation d'une voie de style pervers. Il aime les culottes de femmes, les dessous, les vêtements féminins. Il situe la source de ce goût dans un jeu de voyeur qui l'amenait, vers quatre ans, à la campagne, à épier ses petites voisines au moment où, dans la nature, toujours au même endroit, elles venaient satisfaire leurs besoins; il s'assurait ainsi que, si devant ce n'était pas pareil (ce qu'il ne voulait pas savoir), derrière, c'était bien ressemblant et que ça fonctionnait pareillement. Il conjoignait alors dans ses jeux l'excitation anale (déjà décrite) à une façon de tendre au plus juste son vêtement jusqu'à ce que, devant, ça devienne pareil aux filles. Avec le vêtement féminin, l'illusion est plus parfaite, l'excitation plus grande... mais ici encore, le plaisir n'est permis et atteint qu'en rêve. Nous voyons poindre là, outre une négation patente du problème de la castration, une sorte de passion du « même », une horreur de la différence qui nous fait toucher au plus sensible de la position d'Ange, car ainsi s'affirme une autre dimension de son plaisir : trouver du « même », en effaçant les différences, ou encore en réduisant, comme on dit, au commun dénominateur. C'est à quoi le dispose évidemment son expérience de court-circuit : puisqu'il a, lui, fait l'acte défendu, qu'il a joint, croit-il, de façon sensible les irréductibles, qu'il a résolu l'antinomie, comment résister à la tentation de reproduire le mirage à l'infini ? Nous trouvons le fondement de cette tendance à la répétition que Freud qualifie de démoniaque [23] et qui s'illustre avec exubérance dans des œuvres romanesques telles les *Élixirs du diable*, ou encore *l'Élu*, pour autant qu'elles se fondent sur

---

23. S. Freud, « Au-delà du principe de plaisir », in *Essais de psychanalyse*, Payot 1970, p. 45, G.W. XIII, 36.

une suite d'incestes consommés au point de ne pouvoir se conclure que par quelqu'événement sacré, seul capable de suspendre le cycle des infernales répétitions. Faut-il dire pour autant que c'est toujours cette part, en chacun, d'inceste réalisé qui anime la compulsion de répétition ? Je ne suis pas loin de le croire.

Ange Duroc, lui, pour avoir expérimenté le court-circuit, se sent de quelque façon incarner la loi; il est vrai qu'il en a, un instant, pris sa place. Sa situation est dès lors préfigurée, et il a acquis le sentiment que s'il ne continue pas à assumer lui-même cette fonction, s'il s'en démet un seul moment, il n'y aura plus, pour lui, de désir ni de loi car nul ne saurait désormais, hors lui, se porter garant de l'irréductible... Il est comme le diable !

Duroc, hanté par la crainte des thèmes homosexuels, protesta l'autre jour qu'on ne saurait pourtant dire de lui qu'il soit insensible à la femme, car la veille il s'était senti profondément ému en contemplant la statue d'une baigneuse couchée dans un album. Cet involontaire humour nous souligne aussi combien son monde tend à ressembler à la cité de Pompéi dont la vie fut active et le commerce florissant, qui reste telle aujourd'hui, mais à l'envers pourrait-on dire, par la force d'attirance et de suggestion de l'évanescence pétrifiée. Certes, on peut dire, d'un point de vue de psychologue que la vie économique de Duroc est pratiquement inexistante (notons au passage que l'économie rurale est justement l'objet de sa vie professionnelle); ses « échanges » sont insignifiants, mais il ne s'en plaint pas, satisfait qu'il se trouve des équivalents lithographiques (ou fantasmatiques) qui constituent l'essentiel des biens circulant dans son petit monde clos.

Ce qui bloque la vie d'Ange Duroc c'est l'absence vécue de l'interdit, et tout se passe comme si ce défaut avait largement ouvert les vannes d'une force pétrifiante. Ainsi apparaît-il clairement que la fonction habituelle de l'interdit est justement de fixer cette énergie. Disons plus précisément, et pour nous dégager de la métaphore énergétique, que l'interdit en action est le principe de la puissance, L'interdit apparaît comme fixation de quelque chose qui, libre, agit comme force avant de se fixer autrement. Si pour quelque raison cet interdit s'avère défaillant, nous voyons se répandre de façon incontinente un processus de fixation, pétrifiant comme pour Duroc, mais aussi bien dans d'autres cas, morcelant, et entraînant à l'extrême, autour de mille points de fixation, une sorte d'agitation perpétuelle à la façon d'un mouvement brownien.

Souvenons-nous que, des intuitions de Breuer, Freud a retenu et conservé la distinction entre l'énergie libre du processus primaire, celle qui anime le champ de l'inconscient et l'énergie liée (tonique) du processus secondaire qui régit le système conscient-préconscient. Aujourd'hui comme hier la question reste ainsi posée de la nature du « lien » ou mieux, du contenu à donner au concept de « FIXATION » dans la vie psychique.

Pour... « fixer » nos idées, j'userai de l'image la plus simple qui soit, celle de la colle forte : son pouvoir fixateur s'exerce sur les deux lèvres de la brèche et vise à masquer la cassure du vase qui lui, contrairement aux amoureux en extase, d'un était devenu deux. Je ne disputerai pas de savoir si le passage de l'un au deux, et inversement, est de l'ordre quantitatif, ou de l'ordre qualitatif (encore qu'il serait intéressant de connoter ce qui distinguera l'un de l'autre); je me contenterai de souligner ici le seul caractère de « différence », celui qui distingue l'un du deux, et chacun des termes du deux. Je ne vois pas, pour l'instant, de meilleure définition de la fixation que de dire qu'elle est toujours tentative de saisie d'une « différence », ou encore occultation de l'antinomie. J'entends bien marquer par là que la prohibition de l'inceste constitue, dans notre expérience comme dans toute expérience, la fixation de référence, une sorte de modèle nécessaire. Les antinomies que cet interdit fixe et cache sont surabondantes et je ne rappellerai que celle de la nature et de la culture parce qu'elle est au principe de l'œuvre de Lévi-Strauss, mais je ne m'étendrai pas sur leur catalogue (sang et nom, biologique et psychique par exemple), car l'énumération n'ajouterait rien au fait fondamental que l'interdit indique et rappelle l'irréductible. Comme le langage dont il est coextensif dans l'expérience de l'homme (et là encore j'évoque Lévi-Strauss), le symbole de l'antinomie a pour fonction majeure, Lacan y a suffisamment insisté, d'instaurer en même temps que la loi, le désir. Si quelque chose mérite le nom de force dans la vie psychique, je ne pense pas qu'on puisse mieux le saisir qu'en ce point, au principe même du désir ou de la loi. Il semble que tous les avatars de cette « force » se manifestent dans des conditions structuralement analogues, et aussi que la saisie clinique s'en opère le plus souvent (et le plus commodément) au niveau d'un phénomène de fixation. Quant à la fixation, elle apparaît bien ainsi comme le choix d'un axe. Encore faut-il se souvenir qu'un axe est toujours virtuel et que son âme est vide. Voilà bien la malignité de ces sujets « concrets » comme la « force des pulsions », ils vous mènent tout droit aux exercices les plus abstraits ! Mais ne cédons pas au vertige, et, comme on dit, tenons bon la rampe... je veux dire celle de notre expérience.

Or, dans une perspective autant clinique que métapsychologique, ce sont les REPRÉSENTATIONS, qui constituent les axes ; ce sont elles qui assurent les fonctions de fixation dans la vie psychique. Remarquons que le terme de « représentation » évoque le leurre du plaisir, celui qui tend à rendre de nouveau présent l'objet inaccessible de la satisfaction, et cela autant en allemand où l'écho du mot se répercute dans l'espace : « placer devant » (vorstellen), qu'en français où, vibrant dans le temps il voudrait rendre présent le moment perdu dans le passé. Faut-il le rappeler ? Ce sont les représentations, dans leur extrême diversité, que nous sommes appelés à manier dans l'analyse : c'est par elles que passent la réalité de notre action et l'illusion de notre pouvoir ! Car son fidèle compère, l'AFFECT n'est que la connotation à rebours d'un mouvement de représentations, et, de plus, il reste lui-même soumis au risque d'une autre capture représentative. Voici donc deux exemples de « représentation ».

Ange, non sans réticence, nous livre ainsi celle, insistante, de la culotte de femme : elle est fascinante. Sa « force » est magique et l'émoi (affect) qui la connote est vif. Ce n'est pas une raison pour être ému à notre tour, ou nous faire magicien ! Mieux vaut en ce cas rester analyste pour être capable de discerner dans cette représentation ce qu'Ange y met, de quoi il l'emplit, qui l'occupe et s'y asseoit, autrement dit, en quoi elle est investie (*besetzt*). Tout d'abord il s'y met à la place de sa sœur, de sa mère ou de sa femme, il y escamote son sexe à la vue, s'y conforme à l'apparence d'une femme, affirme la similitude pour nier la différence, dit en somme que, bien que sachant il voudrait ne rien savoir de la possibilité de la castration; de plus, il y retrouve la fonction de l'instrument, de l'accessoire, adjuvant nécessaire de son impuissance d'autrefois. Mais surtout, ce qui fixe la culotte dans sa fonction privilégiée, c'est qu'outre les contradictions et incohérences de ces déterminations, elle indique et cache le lieu de la différence, soit la force du vide. Peut-on dire déjà que « l'investissement » (occupation : *Besetzung*) est quelque chose comme la somme, ou le recueil de composants hétérogènes, « affects » inclus!

Représentant par excellence, le nom tient son pouvoir de la permanence qu'il instaure et à laquelle il ne cesse de renvoyer ; il n'est pas traduisible, si ce n'est justement par dérision; ainsi ce personnage d'Hoffmann, l'artiste capillaire Schönfeld qui devient Belcampo de l'autre côté des Alpes. Il n'y a de « même », c'est l'occasion de le souligner, comme témoin sensible de la permanence, que le nom. Mais la fixation de Duroc au sien est double. Il s'agit, d'une part du signe de la permanence à travers les péripéties des générations, et son patronyme constitue pour lui la suffisante et « banale » référence au père qui lui a permis de ne pas devenir psychotique. Son nom exerce ainsi sa fonction et, l'assurant de sa pérennité, marquant son origine, il assume heureusement, tel un sacrement pourrait-on dire, la banalité de la copulation qui l'engendra et les ratés du désir qui l'entoura. Mais d'autre part, on peut dire qu'Ange s'est très tôt fixé à son patronyme pour la valeur métaphorique du mot, il a considéré son nom comme une indication commode de son destin et se laissant guider, fasciner peut-être par l'ambiguïté du signe, il trouve là sa raison première, la plus secrète, de mimer, pour son plaisir, la permanence du roc.

Nous touchons là à l'essence même de la représentation et de la fixation car, structuralement, l'opposition des phonèmes qui constituent le mot signale électivement, dans sa conjonction même, l'irréductible des oppositions qu'elle connote et le manque qui les joint. Le « mot » est le « représentant » privilégié entre tous, symbole en lui-même de l'antinomie : ainsi devient-il bien signifiant, autant verbe qu'action, pour tous ceux, qui vivent et témoignent, en la signifiant, de la faille constitutive de leur état.

Il resterait à tenter de dire le comment de notre action analytique, à présenter les voies du processus de MODIFICATION que nous pouvons introduire par le moyen de l'interprétation, encore que ce soit là dévier quelque peu de notre propos. Je n'en donnerai donc que deux brefs exemples.

Le premier en rappelant comment l'expression psychosomatique cutanée d'un prurit diffus fut stoppée net par l'introduction de la représentation « sac de peau » comme « limite », ou encore comme « contenant » par la formule « être bien ou mal dans sa peau » ou dans celle de l'autre !

Le second en détaillant comment l'horreur du mot « estropié » prononcé par sa mère nous mena à cette amusante séquence : dans le halo de ses plaintes de *pié*tiner, du rappel de son goût d'*épier*, le mot estropié, lui-même paradoxalement estropié en « etrospié », « est-trop-ce-pied », nous ramena la représentation d'un *pied* tout seul qui figurait, tel une prothèse d'orthopédiste, dans un rêve. Ainsi dévoilions-nous le thème du phallus postiche.

C'est ainsi, en fait, que progresse la cure, par le déplacement des fixations d'une représentation à l'autre, par l'écoute et la découverte des jeux facétieux du signifiant.

Sommes-nous arrivés, comme nous le souhaitions, à prendre quelque recul par rapport à la métaphore énergétique, et surtout, avons-nous réussi à mieux situer les éléments d'une économie psychique ? Sans doute n'avons-nous fait — et se pourrait-il qu'il en fût autrement — que proposer un autre système de représentations qui se substitue à la métaphore dénoncée ! Mais ce qui m'importait était de réussir à dégager le concept de force de ses implications mécanistes et « anales », pour mieux saisir la spécificité d'une « force psychique », celle même qui soutient, en dernière analyse, la « puissance » au sens où nous l'entendons, je veux dire « sexuelle ». Je voudrais avoir réussi à distraire nos esprits studieux de l'alternative quantité/qualité et nous avoir permis de retrouver l'essence de la différence qui les fonde doublement, avoir réussi à faire entendre *que la force est avant tout la capacité d'assumer les antinomies, et que l'antinomie est la dimension agissante de notre expérience.*

# Table

I. Etre psychanalyste .......................... 9
   1. Le réel dans la cure et dans le texte ............ 12
   2. Du déplacement d'un centre de gravité ......... 23
   3. Du phallus comme joint avec le réel ........... 31

II. Un semestre à Vincennes ..................... 43
   *De la castration à l'objet* ...................... 45
   1. Où les choses « ne s'arrangent pas » .......... 45
   2. Le corps dont « la petite chose » peut être séparée ................................... 54
   3. La mi-prise de la lettre ..................... 63
   4. Le fantôme de l'objet ...................... 70
   5. La conjuration du réel ..................... 79
   6. L'impossible mesure ...................... 89

   *Métaphore et phallus*, par JUAN DAVID NASIO ...... 101

III. Trois observations ......................... 119
   1. Jérôme *ou* La mort dans la vie de l'obsédé ..... 121
   2. Philon *ou* L'obsessionnel et son désir ......... 147
   3. Duroc *ou* Le point de vue économique en psychanalyse ............................. 168

IMP. HÉRISSEY A ÉVREUX (EURE)
D.L. 4ᵉ TR. 1971 Nº 2889-2 (11607)

## DANS LA MÊME COLLECTION

**JACQUES LACAN**
Écrits

**MAUD MANNONI**
L'Enfant arriéré et sa mère
L'Enfant, sa « maladie » et les autres
Le Psychiatre, son « fou »
et la psychanalyse

**P. AULAGNIER-SPAIRANI, J. CLAVREUL
F. PERRIER, G. ROSOLATO, J.-P. VALABREGA**
Le Désir et la Perversion

**O. MANNONI**
Clefs pour l'imaginaire
ou l'Autre scène

**SERGE LECLAIRE**
Psychanalyser
Démasquer le réel

**DAVID COOPER**
Psychiatrie et anti-psychiatrie

**FRANÇOISE DOLTO**
Le Cas Dominique

**Scilicet**
*Revue de l'école freudienne
de Paris*